| 教師力 ステップアップ | 新任**1**年目の基本技から **3**年目以降の応用技まで 今の自分から ステップ... |

3年目教師 勝負の 図工授業づくり

思いを表現して「学びの笑顔」をつくり出す!
スキル&テクニック

松井 典夫 編著
授業力&学級づくり研究会 著

明治図書

はじめに

　図工の時間の子どもたち，喜び勇んで図工室に行き，教室ではリラックスしたムード。図工の教師が入ってきてもそのムードは変わらず，わいわいガヤガヤ。チャイムが鳴ってもリラックス。活動中もその雰囲気は変わらず，昨日観たテレビ番組や，夢中になっているゲームの話をしながら終始笑顔で活動する子どもたち。

　これは，「楽しい」授業なのでしょうか。

　学校現場で「笑顔あふれる教室に」というフレーズがよく使われますが，全ての「笑顔」が同じではありません。教室で友だちと談笑したり，運動場で休み時間に楽しく遊んでいるときの「笑顔」と，授業における「笑顔」は違います。授業中に，遊んでいるときと同じ「笑顔」を子どもたちが見せるのであれば，その授業は遊びや休み時間と同じです。図工の時間の子どもたちの「笑顔」を，そのような視点で観察してみましょう。図工の時間が子どもたちにとって（教師にも），「息抜き」のようになってはいませんか。その事が，子どもたちにとって図工は「好きだけど頑張らなくてもいい教科」になってしまっているのです。

　「こんなものを，このように表現したい」という願いを持ち，その方法をあらゆる場，経験から持ち寄り，試し，失敗し，さらに理想に向けて，時には苦しそうな表情を見せながら取り組む顔は，「学びの笑顔」なのです。そして，完成し，理想を結実させたときの笑顔は，休み時間の笑顔とは明らかに違う笑顔を見せるでしょう。

　図工は，表現という方法を通して，生涯にわたってよりよい人生へとつながる教科です。本書は，単なる授業マニュアルではなく，この書を手にとった教師や教職を目指す学生が，目の前の子どもたちと照らし合わせながら「考え」「試し」，理想の授業が構成できるように心がけました。ぜひ本書から，それぞれの理想を追い求めて欲しいと思います。

奈良学園大学　教授　松井典夫

もくじ

はじめに　3

1章　図工指導
基礎基本のマストスキル10　　8

❶ 学習指導要領 ……………………………………………… 10
❷ 材料 ……………………………………………………… 12
❸ 用具 ……………………………………………………… 14
❹ 場 ………………………………………………………… 16
❺ 鑑賞 ……………………………………………………… 18
❻ 発達段階 ………………………………………………… 20
❼ 特別支援 ………………………………………………… 22
❽ 安全 ……………………………………………………… 24
❾ 規律 ……………………………………………………… 26
❿ 評価 ……………………………………………………… 28

2章　図工指導
ステップアップの授業テクニック42　　30

学級づくり編

❶ 学級開きでクラス旗づくり ………………………………… 32
❷ けがのない彫刻刀の授業で一致団結 …………………… 34
❸ サイレント美術館でルールを守れるクラスに …………… 36
❹ 相互評価で互いを認め合うクラスに ……………………… 38

❺　図工の時間のあいさつとルールで集中力　　40

❻　個を高める指導で自尊感情の高いクラスに　　42

行事とコラボ編

❼　教室に遠足を再現しよう　　44

❽　参観に最適な図工の授業　　46

❾　運動会の絵で人の身体の描き方を学ぶ　　48

❿　全校図工で１年生歓迎会を作ろう　　50

⓫　主体的なテーマ設定で心に残る卒業制作を　　52

⓬　作品展を開催しよう　　54

他教科コラボ編

⓭　〈国語〉６年「やまなし」で場面を想像しよう　　56

⓮　〈算数〉４年　立方体を考えて作ろう　　58

⓯　〈理科〉月と太陽で宇宙を作ろう　　60

⓰　〈社会〉地形図模型を作って国土の理解　　62

⓱　〈外国語〉世界の名産を調べて作ってギャラリートーク　　64

⓲　〈道徳〉資料に自己投影絵画　　66

チーム学校編

⓳　地域の人材を生かして，チーム図工　　68

⓴　地域の伝統文化を図画工作で　　70

㉑　異学年交流で共同制作　　72

もくじ　5

㉒ 教師の専門性を生かしてチーム図工 ——— 74

㉓ 保護者と連携して取り組む図工の授業 ——— 76

㉔ 小中と美術館連携でアートカフェを開こう ——— 78

学校・子どもの安全編

㉕ 災害時のメンタルケア　アート・プロジェクトの実践 ——— 80

㉖ 校内の安全標識を作ろう ——— 82

㉗ 看板で防犯対策 ——— 84

㉘ 立体安全マップを作ろう ——— 86

㉙ 災害の教訓を絵本で伝えよう ——— 88

㉚ 「安全かるた」で知識と意識を高めよう ——— 90

ICT 活用編

㉛ ICT を活用して作品鑑賞会を工夫しよう ——— 92

㉜ 写真で物語づくり ——— 94

㉝ ICT を活用して活動の変化を記録しよう ——— 96

㉞ ピクシレーションでアニメ制作 ——— 98

㉟ 学校CMを作ろう ——— 100

㊱ プロジェクションマッピングに挑戦しよう ——— 102

題材勝負編

㊲ ブラックライトと蛍光塗料でルミナリエ ——— 104

㊳ アルミ板でミラーワールド ——— 106

㊴ 技能を集結して食品サンプルづくり ———————— 108

㊵ 紙テープの変身 ———————————————————— 110

㊶ 砂でサンドアート ——————————————————— 112

㊷ 名画が「わたしだけの名画」に ——————————— 114

図工指導

3章 **知ってお得のマル秘グッズ5** 116

❶ ワークシートは「夢への扉」 ——————————————— 118

❷ デジカメ活用で作品管理 ————————————————— 120

❸ 即時評価と情報共有の画用紙 ———————————————— 122

❹ 身の回りのグッズの「第二利用」 ————————————— 124

❺ 「思いの履歴」で児童把握と適切なアドバイス —————————— 126

執筆者一覧 128

1章

図工指導

基礎基本のマストスキル10

　図工の授業の特性の１つとして，「活動場面が多い」という点が挙げられます。それに伴い，配慮すべき事項も多くなります。

> （図工の時間はいつも子どもたちのテンションが高くなるなあ……。それはいいんだけど，騒がしくなりがちだ）
>
> （はさみやカッターなどの刃物類を扱うときは，いつもけがをする子どもが出てしまう……）
>
> （充実した授業にしようとすればするほど，準備物が多くなって大変だなあ）

　このような心のつぶやきは，だれもが持っているもので，解決できそうでいながら，ついつい対策できないままそのつぶやきを繰り返してしまいがちです。

その悩みやつぶやきをそのままにせず，解決していくことが，よい授業づくりへの第一歩なのです。

　本章では，教師が図工の授業において，まずしっかりと身につけたい基礎基本をマストスキルとして紹介しています。

> 授業で役立つ学習指導要領の読み方・材料や用具の重要性・指導に役立つ場の設定の考え方・活動と「遊び」の違い・けがをさせない授業の方法・作品，活動と評価

　こうして並べてみると，授業はたくさんの要素が組み合わさって成り立っています。何ができていて，何ができていないのか。教師である自分の得手不得手を知ることからスタートしましょう。

　さあ，これまでの実践を思い返しながら1章の扉を開きましょう。

1 学習指導要領

授業に役立つ学習指導要領の読み方

学習指導要領について

　平成29年に新しい学習指導要領が告示されました。今次改訂のポイントとしては，「主体的・対話的で深い学び」によって，創意工夫された授業で学びの質を高めることや，各学校において教育課程を軸とする「カリキュラム・マネジメント」を確立させることなどが盛り込まれています。また，外国語活動や「特別の教科　道徳」の新設など，盛りだくさんの内容となっています。そもそも，学習指導要領とはどのようなものであり，子どもたちへの教育とどのような関わりがあるのでしょう。

　学習指導要領とは，地域差をなくし，一定の教育水準を保つためのものであり，「大まかな」教育内容を定めているものです。そして，今次改訂では学習指導要領は，学校，家庭，地域で共有され，活用される「学びの地図」の役割を果たすものだとされています。

●学習指導要領のポイント

　今次改訂学習指導要領においては，これからの教育課程の理念として，「社会に開かれた教育課程」を謳っています。このことは，

・スピード感のある社会や世界の状況の変化を視野に入れながら目標を立て，

・社会や世界と関わる自分の人生を切り拓くという資質・能力を明確化し，

・その目指すところを社会と共有，連携しながら実現させること

を目指す教育課程といえます。では，そのことを具体的な教育現場では，どのように考え，取り扱えばよいでしょう。

指導のポイント

●今次改訂学習指導要領のポイントの1つであり，教育現場全体に関わるものとして……「社会に開かれた教育課程」の実現を意識することが大切

授業と学習指導要領

①3つの柱

「社会に開かれた教育課程」を実現する上で，各学校においてカリキュラム・マネジメントを推進，実現していく必要があります。その方向性として，以下の3つの柱が示されています。

> **何ができるようになるか** 育成すべき資質・能力の3つの柱として，学びに向かう力・人間性等，知識・技能，思考力・判断力・表現力等

> **何を学ぶか** 新しい時代に必要となる資質・能力を踏まえた教科・科目「特別の教科 道徳」等

> **どのように学ぶか** 主体的・対話的で深い学び（「アクティブ・ラーニング」）の視点からの学習過程の改善

上記を具体的に図工の授業で考えてみましょう。水彩画の授業では，そのデザイン，色彩，構図を考えること（発想）は，その絵が「美しい」かどうかだけではなく，社会や世界に目を向けるチャンスでもあるはずです。また，絵画に主体的に取り組む中で，他者からの評価や学びを対話的に取り入れることによって，より深い学びへと深化させ，その絵画の作成が引き出す，単なる絵描きではない学びへとつなげていくことができるでしょう。

②子どもの発達の支援と図工の授業

今次改訂学習指導要領では，「児童の発達の支援」が総則第4で示されています。このことは，昨今の学校現場における特別支援の重要性が背景でもありますが，多様な子どもの特性に応じた学習内容や，カウンセリングマインドを持った図工の授業の可能性も考えられるのです。

1章 図工指導 基礎基本のマストスキル10 11

2 材料

材料との対話が授業を決める

子どもと材料との出会い

　紙，絵の具，粘土，木，金属……。図工では様々な材料を扱います。その中には子どもたちが初めて触れるものもたくさんあることでしょう。図工は，子どもたちと材料との出会いを保障する時間と考えることもできます。材料とは，作品の素材だけではありません。子どもたちが使用する道具も作品づくりの「材料」と考えることができます。子どもたちはより多くの素材や道具に触れることで，表現の引き出しを増やしていきます。図工は「子どもたちと材料との出会いの場」という意識を忘れず，授業を行っていきましょう。

●対話によって変化する作品づくり

　作品づくりの前に，ワークシート等で完成図を考えさせる場面は多くあるかと思います。しかし，いざ作り始めてみると，どんどん変わっていき，完成図と全く違うものができあがってしまった。この授業は失敗でしょうか。いえ，そんなことはありません。「色を混ぜてみたら思ったより綺麗になった」「思ったより柔らかいからこんな曲げ方ができそうだ」このような材料との対話を子どもたちは常に繰り返しています。対話の中のひらめきを，柔軟に作品づくりに取り入れられるような授業づくりが必要です。また，初めて扱う材料の授業の導入では，まず，その材料としっかりと対話できる時間を設定することが大切です。次のページでは，その例を紹介します。

指導のポイント

●図工の授業は「子どもと材料との出会いの場」である
●材料との対話によって作品づくりは変化していく
●子どもと材料との対話の時間をしっかり保障すること

材料との対話の例

①絵の具との対話

　早い学校では，１年生から絵の具を使った図工の授業が始まることでしょう。絵の具の授業は，段取りを失敗すると準備・片付けにものすごく時間がかかってしまいます。そうならないように，絵の具は小指の爪の先の大きさだけパレットに出して，トマトジュースの濃さになるように水で溶いて，などとついつい口うるさく指示をしてしまいがちです。しかし，そんな気持ちをぐっとこらえて，まずは自由に子どもたちを絵の具で遊ばせてあげるのはどうでしょうか。

　チューブの絵の具をそのまま筆で塗りたくったとき，水で溶きすぎてシャパシャパになってしまったとき，指についてしまった絵の具をそのままなすりつけたとき。全て画用紙に残る絵の具の跡は全く違います。その違いを子どもたちが十分に楽しんで経験してから，正しい用具の使い方を学んでも全く遅くありません。おそらく最初の片付けは大惨事になりますが，それも含めて楽しむ姿勢で教師も授業に臨んで欲しいと思います。

②彫刻刀との対話

　彫刻刀を初めて扱うのは３〜４年生が多いかと思います。そこで子どもたちは「彫刻刀」と「木」というふたつの材料に出会います。彫刻刀は非常に危険な道具ですので，子どもたちのけがを予防するため，持ち方や姿勢などの事前の指導は必要です。

　しかし，その後は，まず子どもたちが自由に木を彫ってみる時間を取りましょう。余っている木材や，木版画の場合は板の裏面でも構いません。「彫刻刀の刃先には種類があります。それぞれどんなふうに木が彫れるかな。調べてみて，わかったら先生に教えてください」このように声かけをすれば，子どもたちは喜んでそれぞれの彫刻刀の特性の違いを探し始めます。そうして得た知識は子どもたちにより深く定着し，本制作のときにも必ず役立ちます。

1章　図工指導　基礎基本のマストスキル10

3 用具

用具は「創造的な技能」への架け橋

用具について

　図工科の授業で活動するとき，材料に働きかける際に必要なものとして，「用具」があります。今次改訂学習指導要領における，「育成すべき資質・能力」の３つの要素の１つ，「何を理解しているか，何ができるか」では，各教科等に関する個別の知識や技能であり，芸術表現の技能等も含むとされ，それらが社会の様々な場面で活躍できる知識技能として身についていくことが必要であるとされています。しかしこのことは，たとえば金づちの使い方が上達し，将来，金づちを使う場面でその学びが役立つ，という狭義な捉えをするべきではありません。何かをその必要性に応じて「活用」する能力が，図工科の活動，学習の中の「用具」との触れ合いの中で育まれていくのです。

●子どもの発達と用具

　どの用具をどの学年で取り扱うのか，子どもの発達に照らし合わせて，適切に導入しなければなりません。学習指導要領第７節「図画工作」の第３「指導計画の作成と内容の取扱い」の中では，「材料や用具」の項で以下のように示されています。参考にして取り組みましょう。

> ア　第１学年及び第２学年においては，土，粘土，木，紙，クレヨン，パス，はさみ，のり，簡単な小刀類など身近で扱いやすいものを用いること。
> イ　第３学年及び第４学年においては，木切れ，板材，釘，水彩絵の具，小刀，使いやすいのこぎり，金づちなどを用いること。
> ウ　第５学年及び第６学年においては，針金，糸のこぎりなどを用いること。

指導のポイント

●用具は「使用」するものではなく「活用」するもの
●用具と「発達」。関連は敏感に

用具と創造性

①用具を創造的に使うことができる場の設定

　既存の用具を既存の使い方でとどまらず，創意工夫をして思いもよらない使い方をすることにより，創造的な発想の能力へと結びつきます。授業者は，そのことを誘発する場の設定を考えるとよいでしょう。たとえばモダンテクニックを使って絵画を描く授業では，子どもはデカルコマニーやマーブリングの楽しさを存分に味わい，駆使することでしょう。そこで授業者は，教室の前に長いテーブルを置き，そこに様々な用具を置いておきます。歯ブラシ，爪楊枝，ティッシュペーパー，ロール紙の芯など。すると子どもたちは，教えなくともそれらの用具を存分に工夫し，既存のモダンテクニックにはなかったような，オリジナルテクニックを用い始めます。これこそ創造的な技能と言えるでしょう。それを誘発する場の設定が重要なのです。

②用具が作品に生まれ変わるとき

　用具は，「もの」を作り出すために，材料に働きかけるための「手」であると考えられます。しかし，その考えだけに縛られ，制限してしまうと，子どもの闊達な創造性に歯止めを掛けてしまうことにもなりかねません。たとえば，ラーメンを造形的に作りたい子どもがホットボンドに目をつけました。ホットボンドを上からゆっくり垂らすと，瞬時に冷えて固まり，人の手では造形しようもない，透明感を持って曲がりくねる，ラーメンの

麺ができあがったのです。子どもの発想を制限せず，闊達に発揮することにより，生きて働き，生涯にわたって活用される創造性へとつながっていくのです。

4 場

題材による柔軟で効果的な場の設定

場の設定

　授業において題材と同じくらい重要な要素が，「場」です。場とは，単に授業を行なっている場所だけでなく，それを取り巻く環境・状況・雰囲気など，より広い意味を持ちます。危険な道具が置きっ放しになっているなどは論外ですが，机の配置や，子どもたちのグループ分けなど，場を工夫できる点はあります。大切なのは授業を受ける子どもたちの視点に立って考えることです。授業を行う際は常に，場の感覚を忘れないように心がけてください。

　適切な場の設定は，授業の内容によって変化します。習慣的にいつも同じ場の設定で授業を行ってはいませんか。題材が進むごとに，それに適した場も変化していくはずです。今子どもたちが向き合っている題材に適した場の設定を常に考えながら，授業計画を考えるようにしましょう。

●図工室の場

　残念ながら，一般的に図工室は「いつも散らかっている」という不名誉なイメージを持っていることが多いようです。確かに，図工室はたくさんの材料を扱い，作品の保管場所を兼ねるため，様々なものが散乱しがちです。

　しかし，乱雑に置かれた作品や落ちているゴミは，子どもたちの気を散らし，集中を妨げる要因になります。そういった環境では，自分たちが作った作品を大切に扱う意識も芽生えにくいといえます。散らかりやすい環境であるからこそ，図工室は常に整理整頓を心がけましょう。

指導のポイント

●「場」とは，授業を取り巻く環境全てのこと
●授業には，題材ごとに適切な場の設定が必要である
●図工室は常に整理整頓を心がけて！

場の設定について心がけるべきポイント

①効果的な机と子どもたちの配置

　図工室の机の配置は4人一机程度の「島」の形になっていることが多いでしょう。この配置は，制作スペースを広く確保し，同じ島の友だちと相談しながら制作を進める上で適しています。しかし，正面に対して体が横向きになるため教師の話を集中して聞きにくいというデメリットもあります。題材によっては，通常教室のように全員が前を向いて座る配置の方が適している場合もあるでしょう。図工の授業は必ず図工室で行わなければならないという決まりはありません。

　大きな画面にみんなで描く共同制作の際には，思い切って机を全て退かして，床で絵を描いてみましょう。机がなくなることで子どもたちの行動の制限が減り，いっそうのびのびと表現活動に打ち込むことができるようになります。

②整理整頓のためのワンポイント

　図工の授業中はどんどん床にゴミが落ちていきます。「授業の終わりにまとめて掃除すればいいか」と考えていると，結局時間がなくなりバタバタしてしまいがちです。ゴミが落ちたら出来る限りすぐ掃除するという意識を持っておきましょう。

　おすすめは，教師がほうきを持ちながら机間指導する方法です。子どもたちへの声かけと掃除が一度にできて一石二鳥です。子どもたちも，教師が掃除をしてくれていることが一目でわかり，床をきれいにしようという意識づけにつながります。

1章　図工指導　基礎基本のマストスキル10　17

5 鑑賞

鑑賞活動と技能の融合

鑑賞活動が持つ役割

　平成29年改訂学習指導要領図画工作科では，その改訂の方向性として，「感性や想像力等を働かせて，表現したり鑑賞したりする資質・能力を相互に関連させながら育成できるよう，内容の改善を図る。」とされています。これまで，表現と鑑賞は，切り離されて考えられることも多かったのですが，これを「相互に関連させる」ことによって，図工科の学習がより充実したものになるのです。鑑賞活動には，様々な方法があります。それらを，子どもに気づかせたい視点や，獲得させたい技能に合わせて選択していく必要があるでしょう。加えて大切なことは，鑑賞活動の方法やタイミングを模索し，授業や題材の中で的確に，そして意識的に設定することです。

　子どもは，困った問題や過程に対して，よりよい解決をするために，足りないものを探し出し，他のもので代用し，それでも見つからないときに，自ら作り出す資質や能力が必要になります。これが創造的な技能と言えるでしょう。作り変え，作り続ける過程には，そのような力が働くように，支援や言葉かけ，ときには材料や友人の表現からヒントを得ることを勧めることが必要になってきます。そこに鑑賞活動が持つ大きな役割と可能性があるのです。

　また，指導者の支援や助言だけでは得られないものを，友だちとの鑑賞活動の中で得ているということがあります。それを誘発し，示唆するのは指導者ですが，実際に活動し，認め合い，与え合うのは子どもたち同士なのであり，そこに，学習活動における個と集団の関わりの役割が見えてくるのです。

指導のポイント

●鑑賞活動は，技能と融合させることによって表現へとつながり，より充実した表現活動へとつながります

技能，表現と結びつく鑑賞活動の方法

①導入段階の鑑賞活動

　子どもは題材の提案を知った時点で，まず大きな情的感受を受けます。ここから子どものイメージの構築が始まりますが，題材によっては戸惑いを見せる場面もあるでしょう。そのようなときに，先人の作品例やイメージを喚起する画像などを見せることによって，子どものイメージの広がりを期待する鑑賞活動が，導入段階の鑑賞活動です。このとき，子どものイメージを固定してしまわないように，どこまで見せるのか留意することが大切となってきます。

②活動途中の鑑賞活動

　活動の最中に，ある特定の子どもの，作成中の作品や活動方法を紹介することによって，他の子どものイメージの広がりを誘発する鑑賞活動や，グループや2人組などで話し合う鑑賞活動があります。図工の時間は一旦活動が始まると，その時間の間，子どもは個々に活動を進めます。子どもの活動を止めるときは，えてして導入と提案が不十分である場合が多いのではないでしょうか。しかし，表現に行き詰まりを感じている子どもが現れるのは，活動の途中であることが多いことも実態です。このとき，個々に助言をする場合が多いのですが，他の子どもの作品や表現方法を鑑賞することによって，指導者の助言よりもより効果的に，飛躍的にイメージの表現を促すことがあります。それが，有効な活動途中の鑑賞活動と言えるでしょう。また，子どもが自分のイメージを自分らしく表現しようとする中で，そのイメージが見るものに伝わっているのかを確認する作業は大切です。自分のイメージが作品の中で表れているところと，表れていないところを確認し，次の活動へと結びつけるのが，話し合いによる鑑賞活動です。

1章　図工指導　基礎基本のマストスキル10

6 発達段階

低中高学年の特性を把握した題材づくり

図工と発達段階

　図工科の学習指導要領には，低中高学年それぞれの発達段階ごとに分かれた目標が記載されています。当然，学年が上がるにつれ高度な内容に取り組めるよう題材づくりを考えていかねばなりません。しかし，他教科に比べ図工の題材は授業者の裁量に任せられている要素が多く，どの学年で何をすればよいかわからないといった意見もよく耳にします。題材そのものが同じでも，子どもの発達段階によって評価すべきポイントは変わってきます。逆に言えば，そこを押さえておけば学年の枠を越えて，題材をより自由に設定することができます。大切なのは，子どもたちが一生懸命取り組むことで乗り越えることのできる難易度の課題を用意してあげることです。

●ポイントを押さえた題材づくり

　次のページでは，題材「コラージュでマイワールド」を例に，低中高それぞれの発達段階でどのようなポイントに気をつければよいかを紹介します。

　この題材は，コラージュの技法を使い，雑誌や広告等の切り抜きを画用紙に自由に貼り付け子どもたちがそれぞれのマイワールドを作り出すというものです。素材を用意しハサミさえ扱えれば手軽に取り組むことができ，子どもたちの興味関心がわかるため，年度の最初の題材に適しています。

　紹介するポイントはあくまで一例ですので，常に実際に目の前の子どもたちの発達段階の実情を意識しながら，題材づくりを行っていってください。

指導のポイント

●同じ題材でも，発達段階が違えば押さえるべきポイントが変わる
●子どもたちの一生懸命を引き出すことのできる難易度の課題を
●常に目の前の子どもたちの発達段階を意識した授業づくりを

コラージュでマイワールド

①低学年の課題

　低学年の子どもたちには，まずはさみの扱い方を丁寧に指導しましょう。丁寧に切るための指導には，「速さ」で説明をするのがおすすめです。雑に切ってしまう子どもは，大抵はさみを速く動かし過ぎてしまっています。「いも虫さんの動く速さではさみを動かしましょう」など，とにかくゆっくり切ることを心がけさせることで，次第に丁寧に形通りはさみを動かすことができるようになります。

　また，受け渡しの方法など，安全面についての指導も必要です。この段階でしっかりと意識づけができていると，のちに彫刻刀などさらに危険度の高い用具を扱う際も指導がしやすくなります。

②中学年の課題

　中学年になると，「構図」の意識を持って作品づくりに取り組むことができるようになります。パーツを切り抜いたそばから貼り付けていくのではなく，ある程度切り抜きがたまってから，一度それらを並べてみて適した構図を試行錯誤することができるでしょう。似たものを近くに置いたり，規則正しく並べたりあえてバラバラにしたりと，いっそう子どもたちの個性が強く作品に表れるようになります。

③高学年の課題

　高学年の授業では，子どもたちひとりひとりが自分の「テーマ」や「こだわり」を持って作品を作り上げられることを目指しましょう。単に好きなものを並べるだけでなく，自分で目的意識を持って素材を集めたり，画面の中にストーリーがあったりといった作品を作り上げることができるようになっているはずです。

7 特別支援

全ての子どもへの特別支援という観点

特別支援と合理的配慮

　2016年4月に「障害者差別解消法」が施行され，学校現場での「合理的配慮」が義務化されました。「合理的配慮」とは，障がいのあるなしに関わらず子どもが適切に学習できるよう，障がい特性に合わせて行われるべき配慮のことで，特別支援の基本となる考え方です。障がい特性はひとりひとり違うので，画一的ではなく，それぞれのニーズに合わせた「合理的」な対応が必要であるということです。

　しかし，身構え過ぎる必要はありません。教師がすべきなのはごく当たり前のこと，子どもたち「ひとりひとりを見ること」です。「今この子は何に困っているのか」「どう助けて欲しいのか」を，ひとりひとりを見ながら考え続けることが，教師が子どもにできる合理的配慮の第一歩です。

●全ての子どもへの特別支援

　特別支援は，障がいのある子どもにのみ行うものではありません。通常学級にも，様々な困りごとを抱えた子どもはたくさんいます。また，どんな子どもにも不得意分野があり，クリアすべき課題があります。そういった意味では，全ての子どもが特別支援の対象です。

　教師は，ついつい学級全体をうまく運営することにばかり意識を向けてしまいがちです。ひとりひとりを見て，それぞれに合った個別の支援を行っていく，という基本の意識を常に忘れないようにしましょう。

指導のポイント

●特別支援の基本は「合理的配慮」
●「ひとりひとりを見ること」を常に忘れずに
●特別支援の対象は全ての子どもたちである

図工における特別支援

①ひとりひとりへの支援

図工は個人で制作をする時間が多いため，教師の話を聞いたり自分の意見を発表したりすることが苦手な子どもにとって，比較的取り組みやすい教科と言えます。それだけに，授業の始めの導入部分には気を配りましょう。

道具の使い方を説明するときは言葉だけでなく，投影機を使って教師の手元を大きく映したり，イラストで図解するなどしましょう。見通しを立てることが苦手な子どもがいれば，あらかじめ黒板に今日の授業ですることと時間配分を書いておいてあげると，落ち着いて授業を受けられるようになる場合があります。全体指導で理解が難しそうな子どもがいれば，机間指導のときに必ず近くでもう一度しっかりと説明してあげましょう。理解につまずくポイントは子どもによって違います。とにかく大切なのは「ひとりひとりを見ること」です。

②障がいとアート

「障がいのある子どもはみんな素晴らしい芸術の才能を持っている」という文言を，耳にすることがあります。しかし，彼らにも当然，興味関心・得意不得意の個人差があります。絵を描いたりものづくりをしたりすることが大好きな子もいれば，全く興味を示さない子もいます。過度な期待をしたり，無理に作品づくりをさせるべきではないでしょう。

しかし，障がいのある方が素晴らしい芸術作品を作り，展覧会等が多く開催されていることも事実です。彼らは，特定の材料や制作方法に対して，健常者以上の集中力を発揮する場合があります。何がその人に適合するかは，ひとりひとり違います。そういった意味でも，障がいのある子どもたちにとって，様々な材料に触れる図工の時間は重要です。もし子どもが「生涯かけて打ち込めるもの」との出会いが学校で見つかれば，教師としてこれほど嬉しいことはありません。

1章　図工指導　基礎基本のマストスキル10

8 安全

「安全」は信頼への架け橋

「安全な授業」の重要性

　学校における小学生のけがの発生状況等の統計によると、「けが・病気が起こった時間」は以下のようになります。

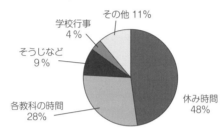

けが・病気が起こった時間（小学生372000件）

　この統計で注目したいのは、「各教科の時間」の28％です。休み時間に友だちと遊んでいてけがをすることも注意が必要ですが、なぜ、「各教科の時間」にけがをするのでしょうか。また、けがの多い教科の統計では、以下のようになります。

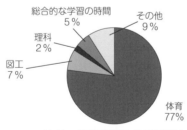

けがの教科別状況（124000件）

指導のポイント

● 「安全」な授業は定期的な注意喚起が必要
● 「安全」な授業は信頼という波及効果を持つ

「安全」な授業の方法

　左ページの統計から，授業中に発生する子どものけがというものは，どこかで体育の時間を想像するのですが，他の授業でも多く発生していることがわかります。そして中でも，体育の時間の次に，けがが多く発生しているのが，図工であるということを認識しておく必要があるでしょう。

　したがって学校におけるけがは，
・授業中にも発生している
・体育の次に，図工の授業中に多く発生している
ということがわかります。

　平成29年告示の学習指導要領では，第1，2学年ではさみや簡単な小刀類を扱うこととされ，第3学年および第4学年で，釘，小刀，使いやすいのこぎり，金づちを用いることとされ，第5学年および第6学年では針金，糸のこぎりなどを用いることとされています。このように列記しただけで，図工の授業におけるけがのリスクが見えてきます。

●けがをしない「安全」な授業のために

　けがの原因のほとんどは「不注意」によるものです。小刀類を扱うときの注意について，授業前にしっかりと伝えることも重要ですが，子どもたちは夢中になると，その注意がすぐにどこかに飛んで行ってしまいます。思い出させるために，掲示や板書を活用し，定期的に注意喚起するようにしましょう。

　また，「安全」な授業は，担任と子どもとの信頼関係や，保護者からの信頼など，多様な関連を持ちます。子どもたちが家に帰って，けがもなく「安全」であり，笑顔で「今日の授業は楽しかった」と言えるものを目指しましょう。

1章　図工指導　基礎基本のマストスキル10

9 規律

しっかりとしたルールづくりで集中力

導入の大切さ

図工の授業の特徴として，導入，展開，まとめがしっかりと分離しているという点があります。基本的には，導入は作品づくりの説明，展開では実際の制作，まとめではその時間のふりかえりを行います。

実際に作品づくりを行う展開の時間が，比較的長いことも特徴の1つです。なので，そこに至るための導入の時間は非常に重要です。伝えなければならないポイントは，漏らすことなく話さなければなりません。しかし導入の間，子どもたちは早く作品を作りたくてうずうずしています。導入は簡潔に短時間で終わらせるよう心がけましょう。

●活動を妨げないためのルールづくり

いったん作品づくりが始まると，子どもたちはものすごい集中力で取り組み始めます。「ごめん，言い忘れていたことがあった！ ちょっと手を止めて話を聞いて！」などと言って子どもたちの活動にブレーキをかけることは避けたいものです。せっかくの子どもたちの活動を妨げないために，導入で話すべき内容はしっかり頭の中でまとめておきましょう。

とはいえ，どうしても子どもたちの制作を中断して話をしなければならない場面も出てきます。そんなときのために，合図の声かけを決めておいたりあらかじめ時間の区切りを伝えておくなど，授業のルールをしっかりと定めておきましょう。

指導のポイント

●授業の導入はポイントを押さえて簡潔に
●作品づくりが始まってからのむやみな声かけはNG
●授業の流れを守り，子どもの活動を妨げないためのルールづくりを

ルールづくりの例

①声かけのルールづくり

「先生がこの言葉を言ったら,手を止めて先生の方を見る」というルールを決めておきましょう。子どもたちも返す言葉があって,親しみやすいものがよいでしょう。教師が「注目!」と言ったら「OK!」と返して前を向く,などです。筆者が勤めていた大阪の小学校では,「ええか?」「よっしゃ!」などという合図がよく使われていました。

このようなルールを定めておくと,子どもたちは教師の合図を聴き逃すまいと競い合ってビシッとこちらを向いてくれます。ただし,使いすぎは禁物です。1回の授業で2～3回程度までにとどめましょう。

②時間設定のルールづくり

「○○分になったら先生が話をするからそれまで頑張って作りましょう」と,あらかじめ時間の区切りを伝えておくことも方法の1つです。その際,何分間作品づくりの時間を設定するかが重要です。

子どもたちが集中して作品づくりに取り組める時間は,発達段階,学級の雰囲気,題材の内容等によって様々に変わります。また,それ以上に子ども間での個人差があります。短すぎると,じっくり考えてから取

りかかる子どもが十分に制作に取り組めません。長すぎると,早く作り終わった子どもが手持ち無沙汰になりおしゃべり等を始めてしまうかもしれません。これまでの授業の様子を踏まえながら,毎回適切な時間配分を考えるようにしましょう。

10 評価

活動過程を評価する

図工の評価の難しさ

　教師の図工の授業に対する悩みで，一番多く耳にするのは，やはり評価についてのものです。「明確な点数が出ないから，評価を出すのが難しい」と考えている人が多いのではないでしょうか。

　確かに，図工の授業ではひとりひとり違った作品が出来上がります。それらを画一的に評価できる指標は存在しません。教師は，図工の授業で子どもたちのどこを見ればよいのでしょうか。

●図画工作科の目標

　学習指導要領における図画工作科の目標は，以下のように記されています。

> 　表現及び鑑賞の活動を通して，造形的な見方・考え方を働かせ，生活や社会の形や色などと豊かに関わる資質・能力を次のとおり育成することを目指す。

　注目すべきは，「表現及び鑑賞の活動を『通して』」の部分です。作品制作を「通して」子どもたちがどのように成長したかを評価するのであり，決して出来上がった作品のみを評価するわけではありません。それをしっかり押さえておきましょう。

　図工の授業に自信のない教師ほど，出来上がった作品のみを見て子どもを評価しがちです。絵が上手な子ども，手先が器用な子どもだけがよい評価になることのないよう，子どもたちの活動の過程をしっかりと教師が見ておく必要があります。

指導のポイント

●ひとりひとり違う感性の子どもたちに評価をつけなければならない
●作品の出来のみを見て評価をつけてはいけない
●子どもの活動の過程をしっかりと見ておく必要がある

何を，どう評価するのか

①活動過程を記録する

　図工は，作品制作の時間が長く，教師が子どもの前で話をする時間が比較的短い教科といえます。その代わりに教師が図工の時間にすべきことは，子どもたちの活動をひたすら記録することです。記録シートを作ったり，デジカメで撮影したりなど，方法はなんでも構いません。

　授業中，少し目を離した間に，子どもの作り方がまるっきり変化していることがあります。活動中の変化は，子どもがよりよいものを作ろうと試行錯誤している証です。こまめに記録を取っておくと，そうした変化により細かく気づくことができます。「どうして作り方を変えたの？」と直接尋ねてもよいでしょう。返答から子どもの意図がより詳しくわかります。そうやって，子どもの活動過程から，少しずつ評価の材料を積み重ねていくのです。

②作品「から」評価する

　とは言え，学級全員の子どもたちの活動過程を全て把握することは難しいでしょう。ときには作品のみを見て評価をつけなければならない場面も出てきます。そんなとき，作品の出来のみを見て評価をつけてはいけません。

　作品から，子どもの制作時の様子を思い描きましょう。意欲的に授業に取り組む子どもは，教師の声かけや友だちとの会話など，様々なことをきっかけに作り方を工夫します。作品から，そんな子どもの試行錯誤の「痕跡」を探しましょう。色の塗り方の変化，組み立て方の変化，一度消してやり直した跡，様々な「痕跡」を見つけることができるはずです。

　作品「を」評価するのではなく，作品「から」子どもたちの頑張りを評価できるよう，常に心がけて図工の授業を行ってください。

1章　図工指導　基礎基本のマストスキル10

2章

図工指導

ステップアップ の授業テクニック42

　本章では，３年目の教師が先輩に悩んでいることを相談している場面から始まります。この悩みごとを読みながら，「あるある！」とうなずきたくなるところもあるのではないでしょうか。

　また，本章は「コラボ」をテーマに構成されています。２章そのものが，カリキュラム・マネジメントの具体例と考えてもいいでしょう。

・図工が学級づくりに果たす役割は何か

・図工と他教科で横断的に取り組むにはどうしたらよいか

・子どもたちの学びをチーム学校で取り組む方法は

・図工が学校安全に果たす役割とは何か

・ICT と図工の関連はどのようにしたらよいか

　図工が学校教育の中で，どのようにコラボし，そのことによっていかに子どもたちの学びへとつながるのか，意識しながら本章を活用してください。

この章はどこから読んでも，明日の授業づくりに役立ちます。

　それでは，下のフローチャート図を進み，２章の扉を開きましょう。

子どものころ，絵を描いたりものを作ったりすることは好きでしたか？
A．すき！
B．きらい…

→ A
--→ B

図工の授業で大切にしたことは何ですか？
A．のびのびと表現すること
B．技能を上達させること

今，伸ばしたい力は何ですか？
A．授業力
B．アドバイスする力

→ A
--→ B

あなたは明日の授業をつくるとき，何からしますか？
A．指導書などを読む
B．教具を探す・作る
C．子どもの実態を捉える

あなたの授業はどのタイプ？
A．はじめに盛り上がる
B．中盤以降に盛り上がる
C．全然盛り上がらない…

もし教育実習生を担当したら，一番伝えたいことは？
A．授業の理論
B．子どもの実態の捉え方
C．図工の役割

→ A
--→ B
……→ C

図工授業づくりの大きな柱をものにしたいあなたは…
１章へ

子どもの姿をしっかり捉え授業づくりをしたいあなたは…
２章１へ

「できる」をたくさん生み出す授業を目指したいあなたは…
２章６・７へ

図工に幅広い価値を持たせたいあなたは…
２章２～５へ

子どもたちのよりよい学びを実現させる教具を活用したいあなたは…３章へ

２章　図工指導　ステップアップの授業テクニック42

1 学級開きでクラス旗づくり

3年目教師
いよいよ4月。学級開きが近づいてきました。

先輩教師
スタートが肝心だからね。

3年目教師
学級がまとまるような，何か協同で作る活動がしたいです。

先輩教師
それなら，図工と学級開きをコラボさせて，クラス旗なんてどうだろう。クラスの目標をデザインして，1年間，クラスに旗をなびかせるんだ。

図工で学級開き

　4月，新しい教室に入り，新しい友だちに囲まれ，新しい担任の先生を前にした子どもたちの心は，期待と不安でいっぱいです。そんな中で教師と子どもの最初のコミュニケーションである学級開きの重要性は言うまでもありません。最初に子どもたちと何をしようかと悩んだ末，自分の得意な題材で学級開きをする教師が多いと思います。

　そこで，図工で学級開きをしてみてはどうでしょう。学級開きに最適な題材があります。それがクラス旗づくりです。クラス旗づくりは「こんなクラスになりたい！」という想いを可視化することができます。このようにクラス旗づくりは学級開きと相性抜群ですが，それによってクラスみんなの心をひとつにするためには，全員が納得できるデザインのクラス旗を作る必要があります。

クラスみんなの心をひとつにするクラス旗づくり

①クラスみんなでデザインを考える

まずは言葉で，どんなクラスになりたいか，どんなクラス旗を作りたいかをしっかり話し合いましょう。子どもたちはみんな「こんなクラスになって欲しいな」という想いを持っていますが，それを絵や図にして表すことのできる能力には個人差があります。「絵が得意な子のデザインだから選ばれた」という状況にならないようにしたいものです。

高学年なら，アイデアスケッチを持ち寄ってプレゼン大会を開いてもよいでしょう。大切なのは，評価の基準を明確にすることです。先ほど話し合った目標をどうやって旗の中で表しているかをみんなで考えます。高評価だったものをいくつか組み合わせて，新しいデザインを作るのもよいでしょう。

②作り方

まずは材料を準備します。布の大きさは1.2m×0.9mぐらいが一般的です。薄すぎると絵の具が塗りにくかったり，向こうが透けて見えたりするので，ある程度の厚みがあるものにしましょう。絵の具は，乾くと耐水性になるアクリル絵の具を使います。布専用のフラッグカラーという絵の具もあります。広い面積を塗ることになるので，幅の広い刷毛があるとよいでしょう。

はじめに鉛筆で下描きをして，絵の具を塗っていきます。アイデアスケッチをプロジェクターで壁に貼った布に投影して下描きをするという方法もあります。デザインが選ばれた子ども中心の作業になりがちですが，クラス全員がひとつは制作に関わるようにしましょう。最後に旗の周りにクラス全員の名前を書くという方法もありますね。できあがった旗は棒から取り外せるように必ずしておきましょう。子どもたちが一生懸命作り上げることができたなら，いつまでも教室に飾っておきたいクラス旗になっているはずです。

授業力アップのポイント

● 「こんなクラスになりたい！」という想いを可視化できる
● 学級目標をより印象付けられる

2章　図工指導　ステップアップの授業テクニック42

2 けがのない彫刻刀の授業で一致団結

3年目教師

中学年になり，いよいよ彫刻刀に取り組もうと思っています。

安全面に気をつけないとね。

先輩教師

3年目教師

はい。けがのない授業にしたいです。

それには，基本をしっかりと押さえることだね。

先輩教師

輝く彫刻刀と２つの危険

　学習指導要領では，第３学年及び第４学年で，小刀や彫刻刀の使用について記載されています。

　子どもたちは，ダイナミックな題材や目新しい用具の使用を好みます。初めて彫刻刀のセットを手にしたとき，まさに新しいおもちゃを得たような表情で，きらりと輝く彫刻刀を眺めます。しかし，そこには２つの危険が伴います。ひとつは，それが「刃物」であるという危険です。新しい彫刻刀は鋭利で，扱い方を誤ると，子どもの手を傷つけることになります。刃物から負う傷は考えているより大きなものです。もうひとつの危険は，第３学年及び第４学年での取り扱いということです。この学年の子どもたちは，あらゆる技能の発達，学校生活の充実，身体の発達に伴い，何事にも積極的に取り組む特性があります。それがよくない方向に進むと，けがが多くなります。

けがゼロを目指して学級で一致団結する方法

①目標を定める

子どものけがを防ぐには，教師ひとりの力では不可能です。子どもひとりひとりが，自己管理することが必須となります。しかし，いくら口酸っぱく注意しても，それも限界があります。そこで，「前向きにけがを防ぐ」ことができるように，子どもの意識を持っていきましょう。そのために，クラス全員で目標を定めます。目標は「この題材中，だれひとり彫刻刀で指を切らないこと」でいいのです。なぜそうするか，という子どもたちの意識が大切です。

だから，みんなでけがゼロを目指そう！ という流れをつくるのです。その題材を終え，けがゼロで乗り越えたとき，学級の団結，信頼感が増していることでしょう。もちろん，けがをする可能性もあります。そのときは，ここまでよく頑張ったね，この先も気をつけて進めよう，というフォローも大切です。

②けがをしない指導のポイント

けがを防ぐ彫刻刀の指導では，次の2点を徹底しましょう。

① 手を（刃より）前に出さない　　② 体はまっすぐ

授業力アップのポイント

- 第3学年及び第4学年で扱うことが妥当である
- 鋭利な刃物は子どもを傷つけるという強い認識が必要
- けがのない授業は教師にとって最重要

3 サイレント美術館で
ルールを守れるクラスに

3年目教師
美術館に行ったことのある子どもが少ないことに，驚きました。

先輩教師
美術を鑑賞するということには好き嫌いがあるからね。

3年目教師
好き嫌いを判断するためにも，経験はさせてあげたいなと思います。

先輩教師
では，学校で美術館を開いてはどうだろう。

◆ 作品鑑賞の価値

　著名な美術家の作品や美術館に行って作品を鑑賞することの価値は，これまでの歴史が物語る偽りない価値に触れることです。しかしそこには「関心」の有無が大きな要素となります。美術に関心のないものにとって，美術鑑賞に価値を見いだすことは困難なものです。しかし，小学校教育における鑑賞は，「関心」の有無だけで整理されるものではありません。学習指導要領における「教科の目標」を，鑑賞の観点に絞って読むと，次のようになります。

> 　目の前にある対象・事象を「自分の感覚」を通して捉え，その良さを見出し，見方や感じ方を深めることによって，生活や社会の中でより豊かに生きる資質・能力を育成する。

　したがって，小学校における鑑賞の授業，活動は，子どもたちが「豊かに生きる」ことにつながっているのです。

サイレント美術館とルール順守を結ぶ方法

①「前向きな」ルールを定める

最初は美術館に行ったことのある子どもに、積極的に発言させ、ルールづくりをしていきましょう。ただし注意しなければならないのは、美術館に行ったことのない子ど

もにも「主体的に」取り組ませることです。したがって、ルールづくりに際して勢いが出てきたら、他の子どもにも積極的にアイデアを出させましょう。そのために、途中からは全員にワークシート「6の1美術館に必要なルール、場をつくろう」に書かせて全員参加を心がけましょう。

②学年に応じた指導のポイント

この授業は、低・中・高学年のどの段階においても有効に実施できます。低学年では身の回りの対象物（たとえば秋の落ち葉や木の実など）を教室に並べ、その色や形を鑑賞してもよいでしょう。中学年であれば、互いの作品を教室や図工室に配置し、他者評価と自己の作品の比較をさせるのも学習を深めます。高学年になると、自己の作品に誇りを持ち始め、他者評価が有効に機能しない場面も多くあります。やはり国内外の美術作品を鑑賞し、自己の新しい見方、感じ方を深めることを目的にしましょう。

また、そこから新しい作品への取り組みへとつながっていきます。2章の42（p.114）の「名画が『わたしだけの名画』に」を参照にしてください。

授業力アップのポイント

- 関心の低い鑑賞活動に、「主体性」を持たせることによって関心を高める
- 鑑賞活動は、「豊かな人生」への架け橋という認識で

4 相互評価で互いを認め合うクラスに

3年目教師

今回の単元でもすてきな作品がたくさんできました。

単元の最後には，子どもたちが作品を見せ合う，鑑賞の時間をしっかりとらないといけないよ。

先輩教師

3年目教師

子どもたちが作品を評価し合うことで，互いを認め合うことにもつながりますね。

鑑賞活動をしながらクラスの絆も深まる。一石二鳥だね。

先輩教師

鑑賞活動と相互評価

　ついつい「作ること」にばかり気持ちが向きがちな図工の時間ですが，実はそれと同じぐらい「みること」が大切です。「みること」すなわち鑑賞活動を通して，子どもたちの感性は成長していきます。

　子どもたちの鑑賞活動の対象となる作品は，美術館に飾られているようなものだけではありません。もっと最適なものがあります。同じ教室で同じ課題に取り組んだ，友だちの作品です。授業の中で，子どもたちがお互いの作品を鑑賞し合うことのできる場面をたくさん用意しましょう。

　図工は作品づくりで自己表現することのできる教科です。普段は知らなかったクラスの友だちの意外な一面を，作品を通じて発見することがたくさんあります。それを繰り返していくことで，よりクラスの友だちとの絆が深まっていきます。そのためにも，適切な鑑賞活動の設定が必要となってきます。

相互評価のための鑑賞活動のやり方

①教室を美術館に

　基本的には，単元の最後に鑑賞会をする，という流れをつくっていくようにしましょう。全員が作品を完成させたら，「今から鑑賞会をするよ，教室を美術館にしましょう」と子どもたちに伝えます。美術館には作品以外の余計なものはひとつも置いてありません。子どもたちが作品に集中できるよう，筆箱や絵の具セットなどいらないものは全て片付けます。作品の横には，必要に応じて作品のタイトルや作者名，工夫したところなどを書いた紙（＝キャプション）を置きます。

②ワークシートで相互評価

　子どもたちは，美術館になった教室を回って，友だちの作品を見て評価していきます。ワークシートは，友だちの作品のいいなと思ったところをたくさん書けるようにしておきます。回収したワークシートは，切り分けて作者の子どもに渡してあげましょう。そうすることで，鑑賞してくれた友だちの評価を漏らさず受け取ることができます。

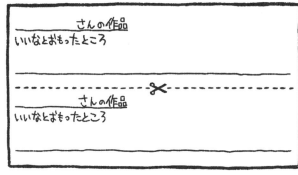

ワークシートの例

授業力アップのポイント

● 友だちの作品を「みること」の大切さ
● 作品を相互鑑賞することでクラスの絆が深まる

5 図工の時間のあいさつとルールで集中力

3年目教師

図工の時間は，子どもたちにとっては「息抜き」なのかなと，悩むことがあります。

先輩教師

図工は好きだけど，頑張りたい教科ではない，と言う調査結果もあったね。

3年目教師

でも，図工も当然，学力をつけなければならない「教科教育」です。

先輩教師

その意識を，教師が持つことが，まず大切だね。

あいさつとルールの価値

　図工科に限らず，いかなる授業でも，その授業に入る前の「構え」が必要です。たとえばマラソンでも，ぼんやりとスタートラインに立っていて，いきなり号砲が鳴ってもすぐには心と体が反応せず，いい結果も望めないでしょう。授業も同じです。構えをしっかりつくってこそ，その45分がひとりひとりの子どもにとって有効な時間となるのです。そのためにもここでは，授業に入る際のあいさつや，授業への心構えをつくり出すルールを確立し，構えから集中へと結びつけ，学習効果を高め，「がんばる図工」へと変換させていきましょう。

あいさつとルールで集中力を高める方法

①あいさつは教室に入るときから

　図工の授業は，多くの場合図工室で行われます。特別教室への移動は，「構え」をつくる絶好の機会です。プロ野球選手が，グラウンドへの出入りの際に必ず帽子を脱いで一礼するのを見た方も多いのではないでしょうか。そこには，礼儀と敬意と構えがあるように感じられます。

　図工の授業でも，同じ心で臨ませたいものです。そこで，意識が根付くまでは図工の授業前はクラスで整列し，図工室まで移動しましょう。その間，私語は慎みます。少しずつ集中力を高め，図工室の入り口で一礼する動作をいれます。席につく頃には図工の授業への構えができていることでしょう。このような取り組みを意識することで，結果的に学習効果は高まり，そしてけがをするような，集中力を欠いた授業にはならないのです。

②ルールと集中力

　ルールについても同じ効果が望まれます。ルールを守ろうとすることによって，集中し，意欲的で，学習効果の高いけがのない授業を目指すことができます。ただし，大切なのはルールの方向性です。「禁止事項」は言い換えると「教師の都合」である場合が多く，それは子どもたちの「守る意欲」を低下させ，

結果的にそのルールは形骸化することが多いでしょう。ルールを子どもたちとつくることによって，主体性が増し，自分たちでつくったルールを守ろうという集中が増すことでしょう。そして何よりも，図工の授業を「がんばる」子どもたちの姿にしていきましょう。

授業力アップのポイント

- 図工は「好き」に安心してはいけない
- 授業の構えをつくるあいさつとルールの確立が大切

6 個を高める指導で自尊感情の高いクラスに

3年目教師:図工が嫌いという子がいます。

先輩教師:「苦手」と思い込んでいる場合が多いね。

3年目教師:先生たちは,見栄えのいい作品を評価するんでしょうと,言われている気がします。

先輩教師:上手いとか下手とか,そのような評価の意識を変えなければね。

 個に応じた指導について

　小学校においては2020年度から全面実施される今次改訂の学習指導要領ですが,その関連資料(※1)では,「個に応じた指導」として,「児童生徒一人一人の可能性を最大限に伸ばし,社会をよりよく生きる資質・能力を育成する観点」から個に応じた指導が必要とされ,そのためには「学びの動機付け」や「効果的な取組を展開」することの必要性が述べられています。いつの時代においても,「個に応じた指導」の大切さは変わらないのです。

　図工の授業ではどうでしょう。絵を描くことが苦手な子,想像力が未発達な子など,個々に課題を抱えているものです。その課題は,教師が把握し,個に応じて指導を工夫していくべきものですが,その課題が子どもたちの自尊感情を低下させるようなことがあってはなりません。

(※1)幼稚園,小学校,中学校,高等学校及び特別支援学校の学習指導要領の改善及び必要な方策等について(答申)中央教育審議会

図工の授業で個を高め，自尊感情を高める方法

①個々の思い，願いを把握した「よき相談者」に

図工の授業は，いったん活動が始まると教師が出る幕はあまりありません。逆に教師が活躍する図工の活動は，子どもの自主性が弱まっている授業と言えるでしょう。しかし，ただ見ているわけではなく，また，ただうろうろと子どもの周りを徘徊するのではなく，常に「よき相談者」でありたいものです。たとえば，方法がわからずに悩

んで，手が止まっている子どもがいます。ここで，「何がしたいの？」という問いかけは普通でしょう。しかし，実はその子が何で困っているのかを聞かずとも理解し，的確なタイミングで適切なアドバイスができるようにしたいものです。そのような教師は，子どもにとって信頼できる「よき相談者」であり，また，自分の願いを知ってくれている教師の元で学ぶ子どもたちは，自尊感情が高まっていくでしょう。

②「願いシート」の作成と熟読

授業では，できる限り毎時間，授業の最後にふりかえりを書かせましょう。そのシートには，「今日の活動のふりかえり」と「次回の取り組み」を書かせます。授業者は，そのシートを次の授業までにしっかりと読んでおきます。すると，授業では個々の子どもたちが何をしようとしているのかがわかっているため，声掛けの質が大きく変わります。その教師の努力と準備は，子どもたちに必ず伝わるものです。その継続的努力が，個の学びを高め，付随して自尊感情を高め，学級経営に大きな影響を及ぼすのです。

授業力アップのポイント

- 子どもたちがよりよく社会を生きるためという視点での指導
- 「作品主義」で評価しないこと

7 教室に遠足を再現しよう

3年目教師
遠足に行って，帰ってきて図工で絵を描く，というパターンの繰り返しな気がしています。

パターン化はマンネリを生むからね。常に工夫が必要だね。

先輩教師

3年目教師
遠足の風景を再現するなど，立体的な題材にチャレンジしてみます。

遠足を再現しながら，子どもは学んだことをリフレクションできるね。

先輩教師

作品づくり２つのパターン

　楽しかった遠足。帰ってきたら，感想文を書いて終わり，というパターンが多いのではないでしょうか。ここはひとつ，ぜひ図工で遠足の事後学習を行ってみましょう。教室に楽しかった遠足の風景を再現するのです。作品づくりは，大まかに２つのパターンに分けられます。

①素材や道具に触れて「こんなものが作れるかも」という発想を得ながら，制作が進んでいくもの。

②「こんなものを作りたい」というイメージを元に材料や作り方を計画していくもの。

今回のような②のパターンは，子どもの「こんなものを作りたい」という願望に応えるため，たくさんの種類の材料をあらかじめ用意しておくことが大切です。次のページに挙げたものはあくまで一例です。適切な場の準備ができれば，子どもたちはきっともっと自由な発想で，教室に遠足を再現するでしょう。

遠足を再現しよう

①水族館を再現しよう

　遠足の定番スポット，水族館。たくさんの魚が水槽の中を自由に泳ぎ回る，子どもたちが大好きな場所です。ぜひ教室に再現してみましょう。ヒラメなど，平べったい魚は画用紙に描いて壁にたくさん貼りましょう。フグなど，まるっこい魚は風船と新聞紙で張り子を作って，天井から糸でつるしてもよいでしょう。教室中に青のすずらんテープを張り巡らせると，一気に水族館の雰囲気が出ます。

②遊園地を再現しよう

　水族館に並ぶ定番スポット遊園地。中にはたくさんのアトラクションがあります。教室の壁や棚に，厚紙で作ったジェットコースターのレールを縦横無尽に張り巡らせるのはどうでしょう。観覧車を作るには，割り箸や紙コップ等が重宝しそうです。制作中は，遠足に行ったときの写真をスライドショーでテレビに映しておいてあげると，子どもたちはより当日のことを思い出しながら熱心に作品づくりに取り組むことができます。

授業力アップのポイント

- 遠足をふりかえり，イメージを共有しよう
- 「活動」したことを「表現」に変える有効な学習だと意識することが大切

8 参観に最適な図工の授業

3年目教師
もうすぐ参観日です。何の授業をしようか迷います。

先輩教師
参観日こそ，日頃の学習で，見せたくても見せられていないものを見ていただけるチャンスだからね。

3年目教師
そこで，図工の授業を見ていただきたいと思います。

先輩教師
テストがない図工は，その成果を見てもらえるのは参観日だけだからね。

参観に適した題材

　参観日には，普段よりも少しだけ難易度の低い題材を設定するのがおすすめです。作品づくりに悩み手が止まることも図工では子どもの大切な活動ですが，参観日にそれが起こると保護者は不安に感じてしまいます。アイデアが浮かばなくとも，とりあえず手を動かし続けられるような題材が望ましいです。また，参観に来てもらった保護者が子どもの横に座り，作品について会話しながら作り上げることのできる題材であると理想です。次に大切なポイントは，単元のどの部分を参観で行うかです。子どもたちが生き生きとアイデアを考え出す導入の部分か，一生懸命作品制作に取り組む展開の部分か，満足感とともに自分や友だちの作品について意見をのべるまとめの部分か。どの部分が一番子どもたちの輝いている姿を保護者に見てもらえるか考えましょう。

図工で参観～コラージュでマイワールド～

①事前授業

　コラージュとは，印刷物などを切り抜き，貼り合わせることで画面を構成するアートの技法です。この技法を使って，参観日に作品「コラージュでマイワールド」を作りましょう。この題材は，はさみとのりさえ使えればどの学年でも実施できます。とにかく好きなものを切って貼り合わせるだけなので，図工が苦手な子どもでも授業中に手が止まることがありません。

　まずは，コラージュの材料となる印刷物を大量に準備します。切り抜いてもかまわないチラシやポスター，雑誌などを，家庭から持ってきてもらいます。これらの材料を切り抜き，画用紙に自由に貼り合わせることで，子どもたちひとりひとりの「マイワールド」を作ります。参観までの前時で，自分の好きなパーツを切り抜いて集めるところまで終わらせておきましょう。

②参観当日

　参観が始まったら，これまで準備したコラージュのパーツを画用紙に貼り合わせていきます。保護者には，子どもの横に座り，アドバイスをしてもらったり作品づくりを手伝ってもらったりしましょう。「これを真ん中に貼った方がいいんじゃない？」「これは後で一番上に貼るつもりなんだ」などと会話が弾みながら，子どもたちは生き生きとそれぞれのマイワールドを完成させるはずです。

授業力アップのポイント

- ●参観には，普段よりも少しだけ簡単な題材を
- ●保護者と一緒に作ることができるものを
- ●単元の中で，一番の見せ場はどこか考える

9 運動会の絵で人の身体の描き方を学ぶ

3年目教師

発達段階によりますが，人を描くことが難しいと感じている子どもも多いようです。

とくに，動きのある絵は難しいね。

先輩教師

3年目教師

そこで，運動会の絵で動きのある絵画に取り組みます。

いいね。楽しく取り組めそうだね。

先輩教師

 運動会の絵を描こう

　運動会の事後学習の定番，図工での「運動会の絵を描こう」という授業。子どもたちの心に強く残っている場面を描くことは，絵画表現におけるとても大切な活動です。しかし，運動会のシーンを表現するためには，運動している様々なポーズの人を描かなければなりません。人の身体はとても複雑で，本来絵で表すことはとても難しいものです。しかしこのような課題では，つい当たり前に人の絵を描くことを要求してしまいがちです。

　子どもに絵の描き方を指導することについては様々な意見がありますが，基本的にはのびのびと，その子が描きたいように自由に描かせることが大切です。しかし，絵を描くことが苦手で，指導がなければ描けない子どもがいることも事実です。そんな子どもたちのために，人の身体の描き方についての最低限の知識は身につけておきましょう。

人の描き方のアドバイス

①低学年へのアドバイス

　人の体を描くときは，優先順位の高いパーツから描くようにアドバイスしましょう。一番初めに描くのは顔です。その次は，動きに一番重要なパーツを描きましょう。大玉転がしなら玉を押している手，徒競走なら地面を踏みしめている足です。その後，腕や脚を描いてパーツ同士をつなげます。絵に自信のない子どもは，ひとつひとつのパーツが小さくなりがちです。「顔は握りこぶしの大きさで」など，具体的な尺度でアドバイスしてあげるとよいでしょう。

②高学年へのアドバイス

　ステップアップとして，次は身体の関節を意識して描けるようにアドバイスしましょう。人の身体は関節でしか曲がりませんが，意識しないとついつい忘れてしまいがちです。

　何かを描くときは，実際に見ながら描くことが一番です。授業の間，運動会のときの写真をテレビやスクリーンにスライドショーで映してあげましょう。二人一組になって，描くポーズを実際に友だちに目の前でとってもらうのもよいでしょう。

授業力アップのポイント
- 身体の描き方の最低限の知識を身につける必要がある
- 指導ではなく「アドバイス」という意識

10 全校図工で1年生歓迎会を作ろう

3年目教師
1年生が入学してきました。春という気持ちになります。

歓迎会は,どのように取り組むの？

先輩教師

3年目教師
はい。今年は,それぞれの学年で図工科を採り入れて取り組むつもりです。

各学年の特性が生かせるといいね。

先輩教師

◆ 学校行事の中で図工を生かす

　4月に入り,学校には新たな息吹が芽生えます。1年生の入学は,在校生の子どもにとっては自分たちがひとつ大きくなったことを,自覚する機会でもあります。今次改訂学習指導要領の図画工作科では,その教科の目標に,「つくりだす喜びを味わうとともに,感性を育み,楽しく豊かな生活を創造しようとする態度を養い,豊かな情操を培う」とあります（教科の目標(3)）。小学校生活の中で,様々な行事があります。本書でも取り扱っている遠足,参観日,運動会のみならず,宿泊行事や卒業式など様々です。それらの行事では,ぜひとも図工科の取り組みをコラボさせたいものです。そのことにより,活動を楽しみ,その行事を盛り上げる喜びを感じ,それは豊かな情操へとつながっていくでしょう。

学年ごとの取り組み例

①低学年

　図工科の学習内容は，2学年の括りで取り扱われます。入学したばかりの，1年生を除くと，低学年は2年生だけで取り組む必要があります。しかしこれは，2年生の「1学年上に上がった」という自覚の芽生えのチャンスでもあります。2年生の取り組みとしては，和紙やティッシュペーパーなどをこよりにして，1年生の名前をひとりひとり作り，色画用紙に貼り，それを体育館の壁面に掲示します。入学した1年生のひとりひとりの名前が，紙で形作られたダイナミックな作品となり，壁面を飾ります。1年生は体育館で自分の名前を探し，胸をときめかせることでしょう。

②中学年

　3，4年生は共同して，1年生が舞台で持って発表する名前プレートを作成しましょう。1年生が両手で広げて持つことができる幅の画用紙（縦20cm，横60cm）に，ポスターカラーで名前を描きます。3，4年生でペアになり，1年生に名前を聞きに行くところから始めることによって，制作の関心意欲が高まります。

③高学年

　5，6年生はペアになり，1年生ひとりひとりに渡す「お祝いブーケ」を作ります。といっても本当の花束ではなく，和紙やティッシュペーパー，白い布きれなどを使い，水彩絵の具で淡く色づけした，世界でひとつの花束を作ります。柔らかい素材で自由に型作り，淡く水彩絵の具で染められた「お祝いブーケ」を持って，体育館に入場する1年生は笑顔いっぱいです。

授業力アップのポイント

- ●行事と図工の授業をコラボさせる取り組みは，学校における有効なカリキュラム・マネジメント
- ●各学年の発達の特性を生かした取り組み内容が大切

11 主体的なテーマ設定で心に残る卒業制作を

3年目教師

卒業制作と言えば，毎年変わりなく，定番になっています。

私たちの学校では，オルゴールになっているね。

先輩教師

3年目教師

それは，子どもの関心の中から出てきた題材ではないので，変えようかと思っています。

子どもの実態に応じて，いろいろ変えてもいいと思うよ。

先輩教師

卒業制作のテーマ設定を主体的に

　卒業制作。6年生の図工での一大イベントです。3学期の図工は全て卒業制作に費やす，といった学校も多いでしょう。皆さんの学校ではどのような作品制作に取り組まれているのでしょうか。

　卒業制作は，文字通り小学校6年間最後の制作です。これまで学んだ知識・技能を生かし，卒業してからもずっと大切にされるような作品づくりを行わなければなりません。「毎年これをしているから……」といった安易な決定はさけたいものです。

　学年・学級の実態に合わせて，子どもたち自身が主体的にテーマを考えることが理想です。制作の前段階で，子どもたちが話し合い，小学校6年間の経験を思い出しながら「こんな卒業制作が作りたい」と思えるような場の設定を行いましょう。

2パターンの卒業制作を主体的に

①個人制作

　個人で作る卒業制作は，木彫に取り組む学校が多いようです。これまでの彫刻刀での学習を生かせるとともに，ニスを塗れば仕上がりも美しく堅牢になり，長く保管することに適しているという理由からです。時計やオルゴールと合わせた木彫作品のキットも多く販売されています。

　しかし，注意しなければならない点もあります。キットを配って「好きなものを彫りましょう」で導入を終わらせていませんか？　図工の授業の課題である以上，どんなものを彫るかのテーマ設定はしっかりと行いましょう。

②共同制作

　学級・学年の子どもたちが力を合わせ，共同でひとつのものを作り上げるという卒業制作もあります。モザイクアート，モニュメント，オブジェ等々。もしかしたら過去の卒業生の作品がすでに学校にあるかもしれません。共同作品は持ち帰ることはできませんが，自分たちの作ったものがずっと学校に残りつづけるというよさがあります。

　共同制作も，ぜひ子どもたち自身が企画を立案し，実現できるよう授業を計画したいものです。しかしながら作品の置き場所など，場合によっては管理職に相談が必要な場合も出てきます。教師があらかじめいくつかの候補を考えておき，子どもたちにアドバイスできるよう準備しておきましょう。

授業力アップのポイント
- 毎年，学級・学年の実態に合わせたテーマ設定を
- 制作の前段階で，子どもたち同士の話し合いの場を
- 教材キットの導入は慎重に。安易な活用は×

12 作品展を開催しよう

3年目教師

いよいよ1年間が終わろうとしていますが，図工の学習の締め括りについて考えています。

期末テスト，と言う教科ではないからね。

先輩教師

3年目教師

音楽だと文化祭，体育だと運動会があります。

図工も，ぜひ作品展を開いてはどうだろう。

先輩教師

成果をまとめて披露できる場を

　子どもたちが作った作品は，完成した後どうしていますか？　一年に一度，図工の授業の成果をまとめて披露できる場をぜひ用意しましょう。完成した作品をすぐ返却せず保管しておき，それらを並べて，子どもたちの「作品展」を開催してみましょう。子どもたちの作品は，ひとつひとつも素晴らしいですが，たくさん集めることで，ひとりひとりの頑張りや，みんなで協力して取り組んだという想いがよりいっそう伝わりやすくなります。保護者や他学年の子どもに見てもらうことで，図工の授業の成果を一目で伝えることができます。また，配置のレイアウトを考えたり，準備を工夫しながら，子どもたちはお祭りのように作品展を楽しんでくれることでしょう。作品の保管場所の問題や，展示のため壁面や棚を準備することなど，手間と労力はかかりますが，ぜひ開催に挑戦してもらいたいと思います。

作品展を企画しよう

①作品展の規模

まずは，作品展の規模を考えましょう。とりあえず自分のクラスだけで開催するのであれば，展示場所は教室内や教室の前の廊下だけでも大丈夫です。学年全体で取り組むのならば，学年の共有スペースや多目的教室など，少し広めの場所が必要になります。

すぐに実現することは難しいですが，もし全校規模で開催することができれば，その期間だけ体育館を丸ごと作品の展示スペースとして利用する方法もあります。実現すれば，運動会，文化発表会等と並ぶ，学校の目玉イベントのひとつとなるかも知れません。いずれにせよ，1年間を見越して早いうちから企画を考えておく必要があります。

②作品展の時期・期間

作品展を行う時期は，年度末に近い3学期が望ましいです。その年度に制作した作品が溜まり，見応えのある量になっているはずです。期間は，展示・片付け含めて，3～5日程度が適当です。あまり長すぎると特別感が薄れ，展示してある作品を大切に扱えなくなります。期間中に参観日があると保護者にも作品展を見てもらえるので，なおよいです。

期間が終われば，作品はすぐに片付けましょう。いつまでもだらだらと展示し続けることのないように。子どもたちにはしっかりと作品展の感想を聞き，ぜひ図工の評価に取り入れましょう。

授業力アップのポイント
- 1年間の図工の授業の成果が一目でわかる
- イベントとして子どもたちの思い出に残る

13 国語 6年「やまなし」で場面を想像しよう

3年目教師
今，6年生を担任しているのですが，国語の「やまなし」の授業で苦労しています。

先輩教師
たしかに，何かミステリアスで想像力を掻き立てられる教材だね。

3年目教師
子どもの中には，登場人物の姿や物語の世界を想像できず，読解に苦しんでいる子もいます。

先輩教師
では，「想像して描く」ことによって，想像を具現化することによって読解につなげてはどうだろう。

国語と図工のコラボについて

　国語の学習において，「教科書の文章を読み解けていないとの調査結果もあるところであり，文章で表された情報を的確に理解し，自分の考えの形成に生かしていけるようにすることは喫緊の課題である。」(中央教育審議会答申) と指摘されているように，文章で表された情報（登場人物，情景など）を的確に理解することが必要です。そこで，難解な読解文の場合，「情景を想像し，絵にして具現化する」ことによって，その情報（場面や登場人物，情景など）が個の中で整理され，自分の考えの形成へとつながっていくのです。また，その絵画の鑑賞は，単なる絵画の鑑賞会ではなく，国語における「考えの共有」としての効果的な学習へと結びつきます。

「やまなし」で場面画を描こう

①題材について

6年生の国語「やまなし」(宮沢賢治)は、教えることも学ぶことも難しいとされる、名物教材と言えるでしょう。だからこそ、多様な想像が可能な教材であるとも言えます。たとえば、登場人物の「クラムボン」を、個々に想像して絵に描くだけでも、多様な想像が表出されるものです。

②学習の流れ

学習活動	教師の関わり・支援
1 本文を読み、不思議な場面やわかりにくいところを出し合う。【国】 ・クラムボンは、どんな形をしてるんだろう。 ・「鉄砲玉のようなもの」はどうやって川に飛び込んできたんだろう。	・不思議な表現や理解できない場面について多種多様に出れば、どの絵を描くかは子どもに選択させる。そのことによって、理解している子どもができていない子どもに、絵で支援する構図も生まれる。
2 わからないところについて、絵にする活動をする。【図】 3 できあがった絵の鑑賞会を開き、互いに読解と絵の関連について語り合う。【国・図】	・鑑賞会については、図工の絵の鑑賞と、国語の言語活動をコラボさせ、語り合う鑑賞会を行う。そのことが、「自分の考えの形成」につながっていくようにする。

授業力アップのポイント

● 「想像」したことを「創造」する
● 作品の共有と読解の考えの共有をコラボさせる

算数

14 4年　立方体を考えて作ろう

3年目教師：算数の学習指導要領の目標に，「数学的活動を通して，数学的に考える資質・能力を次のとおり育成する」とありますが，「数学的活動」の場面を図工で取り入れることができないか考えています。

先輩教師：何かできそうだね。図形の単元なんかどうだろう。

3年目教師：空間図形で，その「空間」を想像することができず，学習に行き詰っている子どもが多く見られます。

先輩教師：図工で立体図形を作り，算数の空間図形の理解に結びつける学習ができそうだね。

算数（立体図形）と図工のコラボについて

　4年生算数の立体図形に関しては，学習指導要領の内容で，「図形を構成する要素及びそれらの位置関係に着目し，立体図形の平面上での表現や構成の仕方を考察し図形の性質を見いだすとともに，日常の事象を図形の性質から捉え直すこと。」とあります。図形を構成する要素や位置関係は，知識のみで理解したように見えても，それは暗記しているだけで深い理解に結びついていない可能性があります。具体的な「数学的活動」と「制作活動」をコラボさせ，深い理解に結びつけるようにしましょう。

粘土とつまようじで立方体

①題材について

4年生の立体図形は，これまでの平面図形からはじめて立体（空間）と接する学習であり，その後の角柱や円柱，体積の学習へとつながる重要なスタートポイントと言えます。立体をイメージする事ができるように，立体を制作する活動で，立体の深い理解に結びつけましょう。

②学習の流れ

学習活動	教師の関わり・支援
1 サイコロを見て，その形状について話し合い活動を行う。　　　　【算】 ・四角が集まっているね。 ・全部同じ，正方形だね。 ・平面図形と違って，頂点がたくさんあるね。	・粘土とつまようじで立方体を作る際には，粘土は頂点なので適度な大きさで丸めて作るように指導する。あえて粘土はそのまま渡し，頂点の数についても各自で試行錯誤しながら作るようにする。
2 粘土（頂点）とつまようじ（辺）を使って立方体を作る。　　　　【図】 3 できあがった立体図形についてグループで確認し合い，その形状，辺や頂点，面の数などを整理して表にする。　　　　【算・図】	・できあがった図形に関しては，多少の歪みについては仕方のないものとする。 ・作って終わるのではなく，算数の深い理解に結びつける事ができるように，立方体の形状の特徴について整理させる。

授業力アップのポイント

- 「数学的活動」と「制作活動」で深い理解へ結びつける意識を
- 図工活動した成果を算数の授業に戻し，遊びで終わらないこと

15 理科 月と太陽で宇宙を作ろう

3年目教師: 理科の実験は楽しいけど，理科という教科が嫌いだという子どもが多いように感じるのですが。

先輩教師: とくに，天体の単元で行き詰まる子も多いね。

3年目教師: そうなんです。そこで，天体の単元を図工とコラボさせて，関心を持って理解できる学習を計画しています。

先輩教師: いいね。「主体的な問題解決」につながりそうだね。

◆ 理科（月と太陽）と図工のコラボについて

　6年生の単元「月と太陽」では，「月の形の見え方について，月と太陽の位置に着目して，それらの位置関係を多面的に調べる活動」を通して学習を進めることが，学習指導要領にも明記されています。子どもがこの単元で行き詰まるのは，月と太陽の位置関係や，太陽の照射による月の光り方について，教科書の平面では理解しづらいからとも考えられます。月の輝いている側に太陽があることを実感を持って理解することや，月の見え方について，創作活動を介して考えを持ち，表現することは，より深い学びにつながることでしょう。このような取り組みは，月と太陽の単元に限らず，川の流れや人の体のつくりと仕組みの理解など，多様な単元で活用できます。作ることは，深い理解へと結びつくのです。

月と太陽で宇宙空間を作ろう

①題材について

この題材では，月，太陽，ライトを作って宇宙空間を演出します。しかし，あくまでもその目的は，「月と太陽の位置関係や，月の光り方を理解すること」に結びつく創作活動です。それでも子どもたちは工夫を楽しみます。月の画像などをよく調べ，表面のクレーターなどを細かく表現しようとするでしょう。その創作が理科の学習に結びついていきます。

②学習の流れ

学習活動	教師の関わり・支援
1 月と太陽と地球の位置関係，大きさなどについて調べ，模型のアイデアスケッチを描く。　　　　　　　　【理・図】	・新聞紙で球を作り，その上から和紙を貼ると，イメージに近い球ができる。色や模様はインターネットや資料をよく観察し，リアルな地球や月，太陽ができるよう促す。
2 新聞紙や和紙で球を作り，上から絵の具で模様をつける。　　　　　　　　【図】	
・月のクレーターも表現したい。 ・自転や公転も演出できるように，回転軸を作ろう。 ・太陽の光を懐中電灯で表現できるようにしよう。	・発泡スチロール箱などを再利用して土台にして，宇宙空間を演出できるようにする。
3 できあがった模型で遊び，月と太陽の関係についてまとめる。　　　　　　【理】	・できあがった模型で太陽から月を照射し，どのように見えるのか何度も実験してまとめていく。

授業力アップのポイント

● 作ることで，実感を伴った深い理解へ
● 化学分野の実験と同様に生物，物理分野での創作活動を

社会

16 地形図模型を作って国土の理解

3年目教師

子どもたちって，実は自分たちが暮らす都道府県（以下，県）の地理的環境を知らなかったり，関心がなかったりするような気がします。

47都道府県の名称は覚えても，地元を知らないという実態があるね。

先輩教師

3年目教師

そこで，図工とコラボさせて，自分たちの暮らす県に関心を持って理解できる学習を計画しています。

改めて，地域への愛着に結びつくようにしたいね。

先輩教師

社会（都道府県の様子）と図工のコラボについて

　社会科における地理的環境の学習では，3年生で「身近な市区町村」について学び，4年生で「自分たちの都道府県」の地理的環境等について，そして5年生で「我が国の国土」という形で発展していきます。3年生の身近な地域については町歩きを行うなど，観察・調査が可能なので捉えやすいといえるでしょう。一方，5年生の日本の国土全体となると，観察・調査は不可能であり，大きな枠組みでの捉えとなります。4年生の都道府県についてはその中間の位置にあり，学習内容が手薄になりがちです。都道府県という枠組みで，自分たちの暮らす地域を捉え，地理的環境や地域特有の災害，地域の名産などに関心を持って学ぶことができるように，図工とコラボして創作と理解を結びつけましょう。

地形図模型を作成して都道府県を知ろう

①題材について

この題材では，粘土（白い素材の紙粘土）と絵の具，その他，使用できそうな材料を集めて子どもが暮らす都道府県の地形図模型を作ります。そこで大切なのは，山の高さ，川のルートや流域面積，住宅地の戸数などを詳細に調べ，作成に生かすことです。事前の調べ学習は，自分たちが作成する地形図において必要なことで

あり，そこから新たな知識や感動，疑問が生まれていくでしょう。

②学習の流れ

学習活動	教師の関わり・支援
1 自分たちが暮らす都道府県の情報（山，川，住宅，人口，面積等）について，クラスで役割分担して調べ活動を行う。　【社】 2 調べた情報をもとに，作成する地形図の設計図を描く。　【社・図】 3 設計図をもとに，紙粘土，絵の具等を使って地形図を作成する。　【図】 4 できあがった地形図を鑑賞し，自分たちが暮らす都道府県について気づいたことをまとめ，発表会を行う。　【図・社】	・この学習では，目的を「○○県の縮小版模型を作ろう」とします。そのことだけで，模型を作るにはどのような情報が必要か，子どもたちの中から多種多様に出てくるでしょう。 ・制作にあたっては，クラスでひとつの作品を，役割分担して作ります。 ・作成の過程で気づいたことを，ワークシートに記録しておき，後の発表に生かします。

授業力アップのポイント

- ●知識のみではなく，愛着や強い関心を喚起する取り組みを
- ●手薄になりがちな単元に視点を持ち，図工とコラボさせる

外国語

17 世界の名産を調べて作ってギャラリートーク

3年目教師

外国語の学習（英語）が教科化されました。どのような学習が有効か，試行錯誤しています。

小学校での外国語の学習は，とくに英語に関して，単語を覚えたりセンテンスを覚えるだけの学習にしたくはないね。

先輩教師

3年目教師

私はまず，外国に関心を持って欲しいと思っています。

国への関心から，言語への関心に結びつけたいね。

先輩教師

外国語と図工のコラボについて

　英語が小学校で教科化され，その実践内容が注目されています。学習指導要領では，外国語の学習の目標は「…言語活動を通して，コミュニケーションを図る基礎となる資質・能力」を育成することとされています。とくに英語においては，これまでの外国語活動の学習内容に加えて，600〜700語程度の単語を覚えたり，文法についても学習するという指針が示されています。そのような中，早期学習による「英語嫌い」を生みはしないかという懸念も示唆されています。そこで，暗記や文法など，知識理解の学習に傾倒し，「間違ってはいけない」という狭い関心にとらわれるのではなく，興味関心を持って学習する手立てがますます必要になってきます。そこで，図工とコラボさせた学習にも取り組んでみましょう。

世界の名産を作ってギャラリートークをしよう

①題材について

この題材では、英語（欧米諸国）にこだわらず、世界の国々に目を向けて学習します。その結果、欧米諸国に関心を持ち、「英語が話せるようになりたい」という動機づけに結びつけることをねらいとしています。インターネットなどを活用して関心のある海外の国について調べ、その国の名産品や、国の特長を表すものを作ったり描いたりして、発表（紹介）を行います。この紹介の手法は、英語を駆使してギャラリートークで行います。聴衆（クラスメート）とやり取りしながら、深く英語の学習に結びつくとよいでしょう。

②学習の流れ

学習活動	教師の関わり・支援
1 グループで、関心のある国について調べ、作って紹介する名産品を決める。【図・外】	・ここでは、欧米諸国にこだわらず、世界の国々に視点を広げるように促す。
2 名産品を作る。【図】	・名産品の作成には、これまでの技能を使って食品、楽器を作ったり、絵に描いてポスターで紹介するなど、幅広い視点で制作物に取り組ませる。
3 作った名産品を紹介するシナリオを、英語で考えたり、看板も英語や名産品の国の言語、国旗などを描いて作る。【外・図】	
4 英語でギャラリートークを行う。【外】	・ギャラリートークでは、できるかぎり英語を駆使する。

授業力アップのポイント

● 知識理解に傾倒せず、興味関心が持てる外国語の学習に
● 言語への興味関心の育成のために、国に関心を持つ手立てを

道徳

18 資料に自己投影絵画

3年目教師

道徳が教科化され,「特別の教科 道徳」が始まりました。

先輩教師

評価が話題になっているけど,これまでの心情理解に偏った学習内容についても,考え直していこうという流れがあるね。

3年目教師

お話に自分を投影して考えることは,一見できているようで,できていない様子も見られます。

先輩教師

関心を持って自分に投影させる取り組み,手立てが必要だね。

「特別の教科 道徳」と図工のコラボについて

　2018年から,道徳が教科としての位置づけを持つ「特別の教科 道徳」が設置されました。評価について多くの議論が交わされ,文章で評価表記するところで進められていますが,授業方法についてもアクティブ・ラーニングの視点への意識や,これまでの読み物資料の「読解」に陥りがちな授業を見なおし,「考える道徳」「議論する道徳」へとパラダイムシフトが図られています。そのためには,道徳的価値について子どもひとりひとりが考え,行動に結びつけることができる実感を持たせることが大切です。そのためには,登場人物の心情理解で終えるのではなく,その場面に自分を投影させることが大切です。その手法として図工の時間とコラボさせ,自己投影絵画に取り組んでみましょう。

資料の中に自分を描こう

①題材について

この題材では，読み物資料の場面の中に自己を投影させた絵を描くことによって，資料の場面や登場人物の道徳的価値を持った行動や言動に入り込み，質の高い道徳の授業をすることが目的です。これまでの道徳では，心情を理解し，「これからは登場人物のような行動がしたいと思います」という，一過性の学びである場合がありました。そこで絵画という，描き「表す」という活動によって，資料の中に自分を投影させた絵を描き，具体的な自分の姿を表出させるのです。たとえば，「くずれ落ちたダンボール箱」（5年生）で考えてみましょう。

②学習の流れ

学習活動	教師の関わり・支援
1 お話を読み，意見を述べ合う。　【道】 ・いいことをしたのにかわいそう。 ・手紙をもらえてよかった。	・最初の感想では，登場人物の性格，行為，周囲の状況など，あらゆる視点で多様な意見を出させる。 ・その中で，「自分なら」と思える場面を選択し，そこでどうするか，具体的に語らせる。
2 もっとも心を動かされた場面について考え，自分の考えや立場を話し合う。【道】	
3 その場面に自分を登場させた絵を描く。【図】	・語って終わりではなく，場面に自分を登場させた絵を描くことによって，具体性を持たせる。
4 絵に描いた思いを発表する。【図・道】	

授業力アップのポイント

●心情理解で終わらない，資料への自己投影の方法として図工を
●見えない心を可視化する方法としての図工を

19 地域の人材を生かして，チーム図工

3年目教師

チーム学校の視点で，地域の人材を生かした図工の授業に取り組みたいと思っています。

先輩教師

「地域は人材の宝庫」とも言うね。あてはあるの？

3年目教師

先日，教職員で整理した，地域のみなさんの特技などの表を参考にして，題材を考えたいと思っています。

先輩教師

地域の方の特技→題材の決定→依頼→実践，という流れだね。

チーム学校と地域の人材について

　チーム学校の一員として，大きな役割を担うのが地域の人々です。これまで，学校教育は教師が担うものでした。しかし，チーム学校の考え方の中で，それぞれが専門性を生かして子どもの成長に関わっていこうという方向性が打ち出されています。そして，地域には子どもたちの成長，学力において必要で，有意義な人材が多く存在するものです。それは，音楽，工芸，元教師，様々な特技を持った方など，多種多様です。その人材を整理し，協働的に題材に取り組むことができれば，これまで担任や担当教師だけで展開していた学校教育が，大きく広がり，違う世界を見せてくれるでしょう。

　そこで，図工の授業で地域の人材を活用した取り組みにチャレンジしてみましょう。

○○さんと焼物に挑戦しよう

①題材について

この題材は，地域で陶芸教室を営む○○さんをゲストティーチャーとしてお呼びし，焼物に取り組む，高学年の題材です。児童はこれまで，油粘土や紙粘土を使って作品を作った経験はあっても，焼物はどこか別世界の，自分たちが図工で取り組むような題材とは思っていません。ゲストティーチャーから焼物の魅力を聞き，意欲的に取り組むことができる題材です。

②学習の流れ

学習活動	教師の関わり・支援
1 ○○さんから焼物について教わる。 2 どのような焼物を作るか考える。 ・誰に見せようかな。 ・どこに飾ろうかな。 3 焼物を作る。 ・○○さんに教えてもらいながら作る。 ・できるだけ自分の力で。 4 鑑賞会を開き，○○さんに感謝の気持ちを伝えよう。	1 について 　焼物づくりの手順などとともに，焼物の魅力についても子どもに伝わるように，ゲストティーチャーと打ち合わせをしておく。 2 について 　「誰に」「どこに」という対象や場を明確にして考えさせる。 3 について 　教えてもらいすぎると，達成感が薄れるので注意する。

授業力アップのポイント

- 「地域は人材の宝庫」と認識する
- 題材に合わせた人材，と，人材から題材を発想するのもよい

20 地域の伝統文化を図画工作で

3年目教師: 社会科の地域学習で，伝統工芸や伝統文化の調べ学習をしましたが，子どもは改めて，自分たちの地域に関心を持ったようです。

生まれ育った町の魅力や伝統は，学ばなければ気がつかないことも多くあるね。

先輩教師

3年目教師: そこで思いついたのですが，地域の伝統文化を図工の題材にできないかと考えています。

作ることは難しくても，「鑑賞」の学習ができそうだね。

先輩教師

◆ 地域の伝統を学ぶことについて

　暮らす地域によって多様な姿はありますが，それぞれの地域には特色ある文化が宿り，育まれてきているものです。たとえ新興住宅地であっても，そこが昔はどのような地域だったか調べてみると，思いもよらない地域の姿と出会うものです。それもまた，チーム学校の姿であり，地域の教育力と言えるでしょう。それを図画工作科でも題材として取り扱います。たとえば染物が伝統的な産業であれば制作にチャレンジできるかもしれません。あるいは灯篭が伝統工芸であれば，見学，鑑賞し，絵画で表す方法があります。伝統文化によって題材の「料理の仕方」を考えましょう。

和紙でペーパーアート

①題材について

この題材は，地域の特産である和紙を使って，ペーパーアートを作り，地域の特産品に関心を持ち，図画工作科を通して自分たちが暮らす地域に愛着を持ち，発想を豊かにすることをねらいとしています。

まず，地域の和紙づくりに見学に行き，その丁寧で繊細な技術を見学しましょう。そのことによって，それを扱って工作することに対する態度，関心が高まっていきます。

②学習の流れ

学習活動	教師の関わり・支援
❶ 和紙づくりを見学に行く。 ・あんなに苦労して，和紙は作られていたんだね。	・社会科の地域学習と兼ねて見学に行くとよい。 ・見学の際には，図工で作品づくりをすることも伝えておく。
❷ 和紙でペーパーアートを作る。 ・1枚1枚の和紙を丁寧に扱おう。	・和紙に色をつけることもいいが，和紙の質感が損なわれないことが重要であることを，子どもが理解できるようにする。
❸ 和紙のペーパーアート鑑賞会。 ・評価の観点に，「和紙の特長を生かしている」が必要だね。	・鑑賞会では，子どもに評価の観点を作成させ，相互評価を行うとよい。

授業力アップのポイント

●地域には，題材にする伝統文化が眠っている
●伝統文化の有り様によって，鑑賞，絵画，工作など適切に考える

21 異学年交流で共同制作

3年目教師
図画工作科という，ダイナミックな展開が期待できる教科の特性を生かした題材に取り組んでみたいと思っています。

私たちの学校の，「いきいきタイム」を活用したらどうだろう。

先輩教師

3年目教師
なるほど。「いきいきタイム」の異学年交流の中で，図工の作品に取り組むのですね。

1年生から6年生までで1つの作品を作ると，とてもダイナミックで，そしてチームとしての学校の1つの意義にもなるね。

先輩教師

異学年交流と図画工作科について

　どの学校にも，いわゆる縦割りで活動する，○○タイムのようなものがあると思います。ここでは，3クラス×6学年の学校をイメージしてください。すると，18の縦割クラスがつくられ，各クラスに均等に1～6年の子どもがいます。図画工作科の特性として，異学年で1つの題材に取り組むことが可能だということです。その題材のなかで，学年に応じた役割，発想，技能が共有され，各学年の子どもにとって意義のある学習となります。

　どのような題材が適しているのか，ということですが，ここでは「ちぎり絵」を紹介します。他にも，粘土細工で街を作る，「いきいきランド」や，大きな模造紙に共同して絵画を描く活動なども可能でしょう。

いきいきチームでちぎり絵を作ろう

①題材について

　この題材は，1～6年生で共同し，1枚の大きな模造紙にちぎり絵を作成する題材です。この題材の狙いとして，低学年，中学年，高学年で役割分担し，各学年にとって有益な学習とすることです。たとえば次のような役割分担が可能です。

【低学年】ちぎり絵の元となる折紙やチラシを，細かくちぎる。のりをつける。

【中学年】絵のデザインを考え，提案する。

【高学年】全体の制作を統括するリーダーとして活動する。

②学習の流れ

学習活動	教師の関わり・支援
1 デザインを考えよう。 ・チームで運動会に取り組んだ様子はどうだろう。	・ここでは，中学年が中心となってデザインを提案し，チーム全体で考え，決定する。
2 役割分担して制作しよう。 ・みんなで手分けして，得意分野を活かして協力し合おう。	・各学年で役割分担しながらも，固定的にせずに，低学年にもチャレンジする機会をつくる。
3 各チームの作品の鑑賞会を開こう。	・18枚のちぎり絵を体育館など広い場所に掲示し，鑑賞会を開く。

授業力アップのポイント

●どのような題材でも，役割や技能の共有で異学年交流は可能
●それぞれの学年にとって有益な学習となるように計画する

2章　図工指導　ステップアップの授業テクニック42　73

22 教師の専門性を生かして チーム図工

3年目教師
小学校は中学校のような教科担任制ではありませんが，やはりそれぞれに，中心として取り組んでいる教科，領域があります。

先輩教師
私たちなら図工で，君の場合は担任をしながら図工の研究主任をしているね。

3年目教師
はい。そこで，せっかくそれぞれの専門があるのですから，その特性を発揮してチーム図工をやってみたいのです。

先輩教師
ダイナミックな題材になりそうだけど，チーム学校の考え方の1つになりそうだね。

◆ 専門性を生かしたチーム学校について

「チームとしての学校」の在り方における「チームとしての学校」を実現するための3つの視点の1つに，「専門性に基づくチーム体制の構築」があります（中教審答申「チームとしての学校の在り方と今後の改善方策について」）。この「専門性」とは，地域連携や教師以外のスタッフを示すことが多いのですが，教師が持つ専門性をまず生かす視点が必要です。そこで，1つの教科に授業担当者以外の教師の専門性を生かす題材を工夫してみましょう。授業の幅の広がり，深まり，子どもの学びに向かう意欲や態度の高まりにつながっていくでしょう。

○○先生と図工をしよう

①題材について

　グループ毎に題材を考案し，その作品を完成させるために，他の教師の専門性を生かしてアドバイスを求めたり，制作に関わってもらいながら活動する題材です。たとえば，「楽器を作ろう」という設定をしたグループは，楽器の構造について音楽の先生に聞き取りに行きます。
発表会の開催については，教頭先生に行事の企画について相談に行くなど，幅広くこの題材を捉え，「チームとしての学校」と「カリキュラム・マネジメント」の視点で取り組むことが大切です。

②学習の流れ

学習活動	教師の関わり・支援
1 取り組む作品を考えよう。 ・○○先生は，△が得意だから手伝ってもらって，□を作ろう。	・グループで考えさせるが，あらかじめ，いろいろな先生と関わって取り組む題材ということは伝えておく。
2 チーム○○で制作しよう。 ・グループと○○先生でチームになって，作品を作ろう。	・先生への依頼や質問の方法なども考えさせる。
3 作品展を開こう。 ・ここは，教頭先生とチームになろう。	・保護者や地域も鑑賞できる作品展を開催する。その，運営委員も決めて活動させるとよい。

授業力アップのポイント

- まずは教師の専門性を生かす取り組みを
- チームとしての学校とカリキュラム・マネジメントの視点の題材で

23 保護者と連携して取り組む図工の授業

3年目教師

保護者とうまく関係づくりができているか，不安です。

図工を通して，保護者との連携について考えてみよう。

先輩教師

3年目教師

図工を通してできることってあるのでしょうか？

図工は作品制作を通して，子どもの感性と深く関わる教科だからね。

先輩教師

保護者との関係づくりと図工

　教師にとって，保護者との連携は大切なテーマです。保護者との関係づくりに失敗してしまうと，最悪の場合，通常の学級運営ができなくなるケースさえあります。それでは，保護者とよい関係性を築くために，教師は何をすればよいのでしょうか。まめな連絡や，家庭訪問，懇談時の対応ももちろん大切です。しかし，一番大事なのはやはり「よい授業をすること」です。保護者は，毎日の授業で子どもがどんなことを学んで来るのかをとても気にしています。「あの先生は，面白くて子どもにとって実りのある授業をしてくれる」と印象づけることができれば，保護者との関係は自ずとよいものになっていきます。

　そして図工は，自己表現の教科です。持ち帰った作品から，子どもの興味・関心や新しい一面を知ることにつながる機会がたくさんあります。保護者のために授業をするわけではありませんが，保護者に図工の授業を好きになってもらう，という意識を強く持っておきましょう。

保護者との連携術

①材料集めは「図工通信」であらかじめ

　図工は作品づくりに大量の材料を必要とする教科です。そこで，作品の材料集めは，ぜひ家庭に協力してもらいましょう。しかし，「明日の図工で使うので〇〇を持ってきてください」というような直前の連絡は混乱を招きますし，教師への不満にもつながります。

　年度初めに，「図工通信」を発行し，あらかじめ，材料が必要になる場合があること，ぜひ協力をおねがいしますといった旨の連絡をしておきましょう。「うちで集めた材料で作った作品を持って帰ってきた」と興味を持ってもらえるきっかけにもなります。

②愛される作品にするため「見どころカード」を

　「時間をかけて作った作品だったのに，家に持ち帰ったらすぐに捨てられてしまったらしい」という残念なケースをたまに耳にします。今回の題材は保護者の理解を得られなかったのか，と落ち込むことでしょう。しかし，作品の持ち帰らせ方，保護者へのアピールは適切だったでしょうか？完成したそばから作品を袋に入れて，そのまま持ち帰らせてはいませんか？

　子どもの作ったものは，芸術家の作品ではありません。作品のみで見る人の関心を得ることは難しいです。もちろん熱心な保護者なら作品のみから子どもの頑張りや工夫を汲み取ってくれる場合もありますが，教師の姿勢としては不十分です。作品を持ち帰るたびに，保護者のための「見どころカード」をつけましょう。見どころカードに，題材の概要や工夫したところ，制作時間などを書いておくと，子どもが学校でどれぐらい頑張ってその作品を作ったのかを保護者がイメージしやすくなります。そうすれば，家庭に持ち帰ったあとも作品を大切にしてもらえるようになります。

授業力アップのポイント

- 「よい授業をすること」が一番の保護者との関係づくり
- 図工は自己表現の教科であるという認識を

2章　図工指導　ステップアップの授業テクニック42

24 小中と美術館連携でアートカフェを開こう

3年目教師

先日，中学校の美術の先生に，「小学校ではどんな授業をしているのですか」と言う質問を受けました。

確かに，私たちも中学校はどんな授業をしているのか，あまりよく知らないね。

先輩教師

3年目教師

本当はお互いによく知り，連携を進めなければならないと痛感しました。

連携を意識した授業の取り組みをしたらいいね。

先輩教師

 小中連携の意義

　小学校から中学校への進学において，いわゆる「中1ギャップ」と呼称される問題があります。これは，新しい教育環境になじめず，不登校やいじめなど，生徒指導上の諸問題につながっていく事態を指すものです。そのような事態を防ぐためにも，小中連携は大変効果があるのですが，小中連携教育がそれほど進まないのも実態なのです。その大きな要因として，「小中の教職員間」にその問題の根源があるようです。調査によると，「打ち合わせ時間の確保が困難」という要因が大きいとされています。その文言には，小中学校の教師間にある時間的，文化的隔たりが見られます。そこで，図工と美術の連携教育の実践を紹介します。

アートカフェの実践

アートカフェとは，小学校か中学校が共用できるスペース（どちらかのランチルームなど）に，小学生と中学生の美術作品を置き，そこで小中学生が混ざり合ってギャラリートークを繰り広げながら交流するという取り組みです。

①アートカフェについて

ここでは，世界の様々な形態のカフェを画像で子どもに紹介し，アートがカフェという場に設定されていることの可能性の認識を，子どもの中に体験として取り込む活動を行います。中学校は，夏休みの課題として，子どもにアートカフェを体験させ，紹介文を作らせます。

②美術館で鑑賞活動を体験しよう

ここでは，小中学生がそれぞれ美術館において，ギャラリートークを体験します。学芸員が，ひとつひとつの美術作品について，どのように語り，どのように関心を持たせるかを目の前で実感していくことが目標です。

③アートカフェを作ろう

児童生徒がそれぞれ，アートカフェの場づくりを想定しながら，作品づくりを行います。作品を置きたい場所，光の具合，材料や用具も自分たちで考えさせます。グループで，大きくダイナミックな作品を作ってもよいでしょう。

④アートカフェを開こう

まずアートカフェを見て回り，お気に入りの作品を決めます。留意点は小中学生で異なるため教師間で十分に打ち合わせをしましょう。そして，ギャラリートークを展開します。ここでは，作品のよさが伝わったかをギャラリーに聞き，ギャラリーからの言葉をもとに，自らが抱いたよさを再構築するきっかけとさせます。そして再構築した作品のよさをもとに，二回目を行います。最後に全員でカードに感想を書き，作品のそばに貼って鑑賞し合いましょう。

授業力アップのポイント

● 地域や近辺の美術館とコラボすることは，地域の教材力の活用です
● 図工と美術は，小中連携の架け橋となる教科です

2章 図工指導 ステップアップの授業テクニック42

25 災害時のメンタルケア アート・プロジェクトの実践

3年目教師

日本は地震大国と言われています。東日本大震災や熊本地震，そして大阪北部地震などもあり，いろいろと心配です。

地震の後，学校に来れなくなった子どもがいるなど，精神的なケアの必要性も言われているね。

先輩教師

3年目教師

やはりカウンセラーなどの専門家にお任せするしかないのでしょうか。

私たち教師だからこそ，できる取り組みがあると思うよ。たとえば，熊本地震で実際に取り組まれた，アートプロジェクトの実践を紹介しよう。

先輩教師

 災害と子ども

　1995年に発生した阪神・淡路大震災における「阪神・淡路大震災により心の健康について教育的配慮を必要とする児童生徒の状況について」で明らかになったのは，震災後数年経過してから心身の不調を見出す児童生徒が少なからずいるということであり，今現在気丈に振舞う子どもが，絶対に安心だとは限らないということでした。このような教訓から，今後の自然災害のみならず，交通事故や水難災害，また，子どもたちの身の回りに起こり得るあらゆる事案，事件においても，その場の元気に安心するのではなく，継続的なケアが必要なのです。

アートプロジェクトの実践

①アートプロジェクトとは

　この実践は，熊本地震で被災した小学校が，5月の学校再開後まもなく実施したプロジェクトで，地域の美術家と小学校の図工担当教師が共同して計画，立案して実現したものです。

> 「がんばろう！　熊本」パネル制作（体育館・2，3校時）
> ① 全校児童・教職員でYさん（地域の美術家）の話を聞く。
> ② クラスごとにパネルのデザインを考える。
> ③ 震災時の気持ちを紙に言葉で書く。
> ④ その言葉をイメージして絵にする。
> ⑤ パネルに絵を貼る。

以上のように，この実践はコラージュとして制作されました。

②アートプロジェクトの効果とポイント

　右の絵を描いた4年生の男子児童は，絵を描いたときの気持ちをこのように言いました。

> 地震の翌朝，いつもきれいな川がどろどろに濁っていた。きれいな川に戻って欲しい。

　そのときの思いをありのままに表現することによって，日常に早く戻ることができるという効果がありました。また，子どもだけではなく，避難所での支援活動に従事していた教師たちも，子どもと何かに取り組む，という日常的な教育活動を行うことができて，精神的にも前向きになれたようです。アートの力とその有効性を，子どもや教師のメンタルケアに生かすことができる，具体的な実践でした。

授業力アップのポイント

●子どもたちには，目には見えないストレスがかかっていることに留意し，メンタルをケアする取り組みを行いましょう

26 校内の安全標識を作ろう

3年目教師
先生，またAくんが廊下を走っていてけがをしました。あれだけ，廊下は走ってはいけませんと言ってるのに。

先輩教師
Aくんに限らず，梅雨の時期などは校内でのけがが増えるね。

3年目教師
いくら言ってもダメなんでしょうか。

先輩教師
言うだけではなく，別の切り口で取り組んでみよう。たとえば図工の授業とコラボして，安全標識を作るのはどうだろう。

けがと子ども

　学校管理下における子どものけがは，減らすための方策，取り組みが必要です。教室等で学級担任が日常的に注意喚起を行うことは大切であり，必要最低限の指導ではありますが，それが日常的になると，逆にけがの防止への意識が低下することは否めません。そこで，効果的なけがの防止へとつなげていく実践を考えてみましょう。それにはまず，けがの実態について把握しておかなければなりません。校内のけがでもっとも多いのは，運動場でのけがと考えがちですが，教室でのけがが多いようです。また，廊下や階段でのけがも多いでしょう。意識を高めるためには，教師からの指導だけではなく，自ら能動的にけがの防止に取り組むことが大切です。

けがの防止と図工のコラボ

①安全標識のデザイン性

たとえばイラストの標識は横断歩道を表す道路標識です。これらの道路標識には，共通したデザイン性があります。

・自然に目に入る色合いとイラスト

・一目で，その意味を理解することができるデザイン

ということです。「わかりやすく」「伝わりやすい」デザインを考え，作成することは，大変意味のある図工の授業となるでしょう。

②実践のポイント

「校内の安全標識を作ろう」の実践は，その内容，技能を考えると，高学年が適切でしょう。高学年が校内安全標識をデザイン，作成し，発表を通して低，中学年に安全喚起をするというねらいです。以下が実践の流れの提案です。

(1)学校のけが調べ

校内アンケートや養護教諭への聞き取りや協力を通して，校内のけがの実態把握をします。そこで，けがの種別や発生しやすい場所などを分析します。

(2)校内安全標識のデザイン

場所とけがの種類が特定できれば，注意喚起のためのデザインを考えます。グループで取り組むことによって，相互評価をしながらデザイン性を高めていくとよいでしょう。

(3)作成と発表

作成した安全標識は，ぜひとも全校で発表し，高学年として学校全体に注意喚起する機会を持ちましょう。自分たちでデザインした標識で安全性が高まれば，教師からの指導以上の効果が上がるでしょう。

授業力アップのポイント

● 内外におけるけがの実態を，けがアンケートなどで把握する

● 口頭の指導だけではなく，子どもが能動的にけがを防止しようとする態度の育成が大切

2章　図工指導　ステップアップの授業テクニック42　83

27 看板で防犯対策

3年目教師
今も昔も、学校を狙った犯罪や、子どもたちがターゲットになる事件はなくなりませんね。

先輩教師
子どもたちの命を守ることは、教師にとってはとても重要な責務と言えます。

3年目教師
どうやって守ればいいのか……。自信がありません。

先輩教師
教師は犯人と闘うのではなく、授業で勝負しよう。学校の安全を守る工夫と、図工をコラボさせる授業を考えるなどして。

 学校と地域の安全

　安全だと信じられていた学校に、不審者が侵入し、子どもや学校、教師に被害を及ぼした事件がありました。とくに2001年6月8日に発生した大阪教育大学附属池田小学校事件では、1、2年生の児童8名の幼く、尊い命が奪われ、世間に大きな衝撃を与えました。その事件が残した教訓から、全国的に防犯に対する意識が高まり、校門の一門化や警備員の配置、教職員の不審者対応訓練の実施へと結びついていったのです。しかし、もっとも大切なのは、不審者を学校に近づけないことです。警備員が不審者を止めたり、教師が不審者と闘うのではなく、不審者を入れない学校づくりが大切です。

防犯対策の看板を作成しよう

①学校安全と図工をコラボさせるときの留意点

この取り組みの有意義な点は，以下の2点だと考えられます。

(1)学校の安全に対して，学校教育活動（ここでは図工の教科教育）を有効に活用している点。
(2)看板を設置することによって，「入れない工夫」に取り組んでいる点。

その一方で，留意しなければならない点があります。それは，「犯罪者が学校に侵入する可能性」を子どもが強く感じ，不安にならないようにすることです。そのためには，この題材に取り組む際の，目標（めあて）の設定が大切です。子どもが前向きに，明るく取り組むことができるように「看板を作ってもっと安全な学校をつくろう」など，題材のネーミングを工夫しましょう。

②取り組みの流れ

看板づくりでは，看板の「よさ」を学びに取り入れましょう。流れの提案は以下の通りです。

(1)街の看板に注目しよう。（色彩，デザイン，文字と看板のバランスなど）
(2)言葉を考えよう。（わかりやすく，メッセージ性がある言葉）
(3)デザインを考えよう。（色彩，看板の大きさ，文字と板のバランス，どこに設置するかという，場との兼ね合いなど）
(4)看板を作って校門や周りに設置しよう。（グループで設置し，校内放送や朝礼などで発表するなど）

大作ですので，5人グループなどで取り組むことがよいでしょう。また，高学年で取り組むことが適切でしょう。

授業力アップのポイント

- 教師は不審者と闘うのではなく，不審者を学校に入れない工夫を考えましょう
- 図工の学び，技能を学校安全とコラボさせる取り組みを

28 立体安全マップを作ろう

3年目教師
安全マップの取り組みは，一時は全国で実施率100％と言われていましたが，今はどうなんでしょう。

先輩教師
今は，安全マップが不審者出没マップなど，少しその意図や本質が変わってしまっている気がするね。

3年目教師
安全マップの本質とは，いったい何なのですか。

先輩教師
どんなところが危険なのか，という視点をつくることなんだ。それを，図工の授業とコラボさせることによって，楽しみながら防犯学習ができるよ。

安全マップの本質

　小学校1年生の女児が被害に遭ったある事件の報道で，その女児が通っていた小学校では「安全マップ」を作成していたが，「不審者情報があった場所」などが記され，「女児が誘拐された場所はポイントされていなかった」と報道されました。安全マップは，不審者出現マップではありません。その町の不安全な場所を探し，マップにするのが安全マップの本質なのではなく，どのような場所が危険なのか，その視点をつくり（危険予知），それを避けることができる（危険回避）力を育むことが，安全マップの本質なのです。

立体安全マップを作ろう

●取り組みの流れ
(1)視点づくり

　安全マップの学習にはフィールドワークは不可欠ですが、目的もなく外に出ても効果的な学習にはなりません。そこで、まず教室で、「どのような場所が危険なのか」という視点をつくる授業をします。たとえばイラストのような教材を用意し、危険なポイントを探します。この公園のイラストであれば、「木が多く茂っていて見えにくい」「トイレの壁が高くて嫌な感じがする」など、危険なポイントを見つける取り組みをしましょう。そしてその視点を持ってフィールドワークに出ます。デジカメを持って写真を撮り、どこが危険なのか、メモを取って教室に帰ります。

(2)立体安全マップづくり

　安全マップの学習は、実は危険なポイントを見つける視点ができれば、ほぼ目的は達成です。しかし、地域の危険な場所を探すというマイナスな思考を払拭するためにも、マップづくりを存分に楽しみましょう。平面ではなく、踏み切りや木々、高いマンションなど、立体的に作る取り組みはどうでしょう。そして安全マップ発表会を行うときに、立体的に作った意義を主張できるようにします。たとえば、「人の背丈（立体）よりも高い木（立体）が生い茂っている場所は、見えにくい場所なので気をつけましょう」と、人と木の高さを立体で示すことにより、さらにわかりやすい安全マップになるでしょう。暗くなりがちな防犯教育を、図工とコラボさせて作品にし、忘れられないような安全の学習を目指してはどうでしょうか。

授業力アップのポイント

- ●どのような場所が危険なのか、視点をつくる学習という本質
- ●図工とコラボして、防犯学習を明るく楽しく！

29 災害の教訓を絵本で伝えよう

3年目教師

地震災害や洪水など，各地で災害が起きたとき，どのように子どもたちに伝えたらいいのか，迷うことがよくあります。

先輩教師

たしかに，ニュースだけでは伝わらないし，子どもたちは表面的に災害の大きさなどの理解や知識で終わってしまうかもしれないね。

3年目教師

東日本大震災では，昔からの言い伝えが絵本などで伝えられていたようですが。

先輩教師

高学年の子どもたちが災害について学びながら，その災害についての絵本を作り，低学年に読み聞かせて伝え合う取り組みはどうだろう。

◆ 災害の教訓

　このような学習を行うときには，そのカテゴリーを明確にしておくことによって，学習効果が期待されます。ここでは，地震災害に特化した学習内容を考えてみましょう。過去における地震災害の教訓としては，1995年に発生した阪神・淡路大震災や，2011年の東日本大震災の中にも随所にちりばめられているでしょう。阪神・淡路大震災では「復興」や「共助」，あるいは避難所での助け合いなど，様々なメッセージが遺されています。東日本大震災では，「津波てんでんこ」はもちろん，「転校」をテーマにした，友だち，仲間，いのちに焦点を当てることもできるでしょう。

災害の教訓を絵本にする取り組み

●取り組みの流れ

(1)イメージを持つ

　まず，教訓を絵本にするイメージを持つために，絵本を借りてきて読み合う活動から始めましょう。たとえば，右に挙げる絵本がおすすめです。

　これらの絵本を，発達段階に応じて選び，読み聞かせ，輪読会など，目の前の子どもたちに

> 『はしれ，上へ！　つなみてんでんこ』
> 　指田和子・文
> 　伊藤秀男・絵（ポプラ社）
> 『はなちゃんの　はやあるき　はやあるき』
> 　宇部京子・文
> 　菅野博子・絵（岩崎書店）
> 『ゆずちゃん』
> 　肥田美代子・文
> 　石倉欣二・絵（ポプラ社）

応じた方法で読みましょう。そのことによって，「災害の教訓を絵本にする」ことへのイメージを高めましょう。

(2)教訓探し

　ここでは，これまでに発生した地震災害について，調べ学習を行います。先の絵本やインターネット，また，写真集なども刊行されていますので，それらの資料から，過去の地震災害についてしっかりと学び，「伝えたい」教訓を探す活動を行いましょう。

(3)絵本づくり

　本題材のようなダイナミックな題材は，グループで協力して取り組む方がいいでしょう。絵本づくりでは，ストーリー担当，追加の調べ担当，絵の担当，表紙やデザイン担当など，役割分担して進めます。完成したら，学級だけではなく，学校図書館に一定期間置くなどして，学内で共有する活動が効果的です。

授業力アップのポイント

●防犯や災害など，カテゴリーを特化して効果的な学習を
●災害の教訓は，探して拾い出すもの

2章　図工指導　ステップアップの授業テクニック42

30 「安全かるた」で知識と意識を高めよう

3年目教師:「いかのおすし」や「おはしも」など，安全の標語が多くあります。

先輩教師:どれも大切な教えだけど，言葉ではなく，中身をしっかり教えたいね。

3年目教師:そこで，安全かるたを作って子どもたちの知識と意識を高めたいと思います。

先輩教師:なるほど。言葉ではなく，内容を楽しみながら学べるね。

◆ 安全の標語の落とし穴

　「いかのおすし」について考えてみましょう。多くの学校では夏休みの前など，長期休暇の前に出す「夏休みのくらし」などに，「危ない目にあいそうになったら，いかのおすしを思い出しましょう」という文言が書かれています。いかのおすしとは，全国の警察が推奨する安全標語であり，「いか」は「知らない人についていかない」。「の」は「知らない人の車にのらない」。「お」は「おおごえを出す」。「す」は「すぐ逃げる」。「し」は「しらせる」を示すものです。しかし，万が一，子どもが危険な目に遭いそうになったとき，「いかのおすし」を思い出しても身を守ることはできません。大切なのは，「知らない人」に声をかけられたとき，実際にどのように行動するのか，想定して学ぶことなのです。そこで，標語を言葉だけで終わらせないように，深める学習に取り組んでみましょう。

「安全かるた」を作ろう

●取り組みの流れ

(1)集める

　まず，これまでに安全のことで教えられてきた言葉や標語を集めましょう。「いかのおすし」などは標語として成立しているので扱いやすいのですが，たとえば「明るいうちに帰ってきなさい」という，日常的な教えもどんどん挙げさせましょう。そのことによって，子どもたちの中で「安全の教え」を共有することができ，その幅が広がります。

(2)かるたづくり

　ここから，図工の出番です。まず文字札の文を考えますが，「明るいうちに帰りましょう」だけではなく，そうしないとどうなるのか，それはなぜ，そのように教えられたのか，子どもたちに考えさせ，文字札にしていきましょう。次に，絵札を作ります。一部を切り取った絵ではなく，一目で全体を表すことができる絵を考えさせましょう。「早く帰りましょう」という教えの絵札なら，親が子どもにお説教している絵では，文字札の教えが想像できません。暗い夜道で不安そうに歩いている子どもの絵だと，「暗い」「危険」「早く帰る」という教えに結びついていくでしょう。

(3)作り続ける

　「安全かるた」の取り組みの大切な点は，「作り続ける」ことにあります。一旦完成して「安全かるた」遊びをすると，子どもたちのなかでは「安全かるた」への意識が終わってしまいます。そこで，家や学校で，安全の新しい教えや言葉を言われたら，随時「安全かるた」を増やしていきましょう。

授業力アップのポイント

●言葉だけを覚えても，身を守ることはできない
●実際の場面を想定した，具体的な学習が大切

2章　図工指導　ステップアップの授業テクニック42

31 ICTを活用して作品鑑賞会を工夫しよう

3年目教師

学校現場でのICTの活用が叫ばれています。図工ではどのように使っていけばいいのでしょう。

コンピュータを使った作品制作なんかも増えてきているね。

先輩教師

3年目教師

まずは,簡単な機能を使って取り組んでみたいと思います。

ICT活用の基本は「できることから少しずつ」だ。

先輩教師

図工におけるICT活用

　近年,学校現場での活用が強く推進されているICT。図工の授業でも積極的に使っていきましょう。とはいえICTに苦手意識を持っている先生も多くいるのではないでしょうか。現在学校現場において最も活用が推進されているICT機器は,iPadに代表されるタブレット端末でしょう。タブレット端末はアプリを追加することで様々な機能を使うことができますが,ここでは最も基本的な機能のみを使ってできる,鑑賞活動について紹介します。それは,タブレット端末をカメラとして活用する方法です。タブレット端末にはほぼ必ずカメラ機能が付いています。デジカメと違い,撮った写真を大きな画面ですぐに提示できるという即時性がタブレット端末にはあります。このメリットを利用して,子どもたちの作品をどんどん撮影していきましょう。

タブレット端末を活用した鑑賞活動

①まずは教師，次は子どもが使ってみましょう

まずは，教師がどんどん子どもたちの作品の写真を撮りましょう。タブレット端末をテレビにつなぐと，大画面で撮った写真をクラス全員で共有することができます。タブレット端末では，簡単に写真をズームしたり，注目させたいと思ったところに手書きの印をつけたりもできます。

台数に余裕がある場合は，子どもたちにもタブレット端末を渡してみましょう。iPad の場合は，「Apple TV」をテレビにつないでおくと，子どもが撮影した写真を無線でテレビに映すことができます。子どもの ICT 機器への順応力はとても高いです。あっという間に，教師と同じように，自分や友だちの作品のよいところをプレゼンできるようになるでしょう。

②気をつけないといけないこと

とはいえ，ICT 活用にもデメリットがあります。ひとつは，機器のトラブルが多いことです。適切な手順で接続しているのになぜかつながらず，あたふたしていたら授業時間が終わってしまった，なんてことがたまに起こります。授業で使う前に必ず一度は動作確認のテストをしておきましょう。

また，一生懸命に機能の勉強をして子どもたちの端末に作品の画像を送信したけれど，他の先生に「それなら作品を持ち上げて子どもたちに直接見せた方が早い」と指摘されたという話もあります。ICT はあくまで授業を円滑に進めるための手段のひとつです。ICT を使うこと自体が目的になってしまわないように気をつけましょう。特に図工の授業では，デジタルでは伝わらない作品の「生の良さ」も大切にしたいものです。

授業力アップのポイント

● ICT 活用の基本は「できることから少しずつ」
● タブレット端末をカメラとして使ってみましょう

2章　図工指導　ステップアップの授業テクニック42

32 写真で物語づくり

3年目教師
絵を描くのが苦手な子がクラスにいます。

先輩教師
実は，図工が得意な教師ほど，そういった子の気持ちがわからず置いてけぼりにしてしまいがちだね。

3年目教師
そのような子どもたちが，関心を持って取り組むことができる題材を考えているのですが。

先輩教師
絵が苦手なら，写真で作品を作ってみてはどうだろう。

絵が苦手な子どもでも取り組める写真での作品づくり

　どの学級にも絵を描くことが苦手な子どもは必ずいます。劣等感のなか無理やり描かせようとして，どんどん図工が嫌いになってしまう……などといったことは避けなければなりません。絵ではなく，写真で作品づくりができたら，そんな子どもも楽しく図工の授業に取り組めるかもしれません。デジカメやタブレット端末，発表のための大型テレビやプロジェクターが普及してきている今，子どもたちの作品制作のツールとして，ICT機器をどんどん活用していきましょう。

　写真では，絵を描くために最も大切な能力のひとつ，「構図」を考える力を育てることができます。一番目立たせたいものを画面の中のどこに置くか，どの角度から撮れば余計なものが映らないか，どんな場面なのか見る人がわかりやすいか。デジカメやタブレット端末では，それらをすぐ確認でき，うまくいかなければ何度でもやり直すことができます。

小人の物語を考えよう

①小人の世界をスクープしよう！

　「みんなの身の回りには，実はこんな小人たちが暮らしています。どこでどんなことをしているのか，写真に撮ってきましょう！」こう言って，子どもたちに小さな人形とカメラを渡しましょう。調査期間として何日間か預けてもよいでしょう。本棚の後ろに隠れている姿，こっそりお菓子を盗もうとしている姿，間違って水道に流されかけている姿……。様々なアイデアを子どもたちは思いつくはずです。

　人形は，子どもたちが親しみを持ちやすいものであれば動物やキャラクター等でも構いません。種類の違いがあってもよいでしょう。人形の調達も子どもたちに任せてもよいです。きっと思いもよらない面白い小人の世界が生まれることでしょう。

②セリフをつけてみよう

　ステップアップ編として，写真に一言セリフをつけてみましょう。パソコンやタブレット端末で扱えるパワーポイントには，吹き出しと文字を画像の上に挿入する機能があります。写真のみよりもずっと，表現できる物語の幅が広がります。パソコンやタブレット端末上で画像そのものを加工することもできますが，あまりやりすぎると題材の本来の趣旨から離れてしまいます。なんでもアリになってしまわないよう，ルールづくりはしっかりとしておきましょう。

　発表の時間は，大きな画面に作品を映し，作者の子どもの解説を聴きながら，楽しく鑑賞会を開きましょう。

授業力アップのポイント

- 「構図」の力を磨くことができる
- 見ただけで「物語」を感じる写真を！

2章　図工指導　ステップアップの授業テクニック42　　95

33 ICTを活用して活動の変化を記録しよう

3年目教師

今日の授業で,これまで作っていた作品を壊してしまった子がいました。

何か理由があったのかな。作品の記録はとっていた？

先輩教師

3年目教師

他の子の対応をしていたので,壊す前の状態がわかりません。

教師はそういった変化も含めて子どもを評価してあげないといけないね。ICTを活用して活動をこまめに記録していこう。

先輩教師

活動の変化をICTで記録

　図工の授業中は,子どもたちが作品と向き合って試行錯誤を重ねることで,絶えず活動が変化し続けます。途中でインスピレーションが湧いて全く違う方向に作品を作り変える子どもや,納得できず途中まで描いた絵を全部消してしまう子どももいます。そういった活動の変化を記録するため,ICTを活用しましょう。授業中は絶えずカメラを持っておき,こまめに子どもたちの作品を撮影しておきます。中には制作途中の作品を撮影されることに抵抗がある子どももいますが,「先生はみんなの頑張りを記録しておきたい」という思いをしっかりと伝えておきましょう。また,子どもたちの活動を取りこぼしなく記録するために,もうひとつ有効な方法があります。それは,子どもたちの制作の様子を動画で記録することです。

メイキングムービーによる表現と鑑賞の融合

①メイキングムービーで活動を記録

　タブレット端末を教室の島ごとに，子どもの机上が映る位置に固定し，子どもたちの制作過程のメイキングムービーを撮影します。台数が足りない場合は，交代制で撮影係の子どもを決めて，島ごとに撮影していってもいいでしょう。

　授業の始めに，前回の時間のメイキングムービーをみんなで鑑賞する時間をとります。すると，作品を見るだけではわからなかった様々な発見があります。「○○さんの筆の使い方，面白いなあ」「○○くんの作品，そうやって作ってたのか！」タブレットの早送り機能等を使い，なるべく多くの見どころを子どもたちが見られるように留意します。

②表現と鑑賞のサイクルを大切に

　図工の授業内容は学習指導要領で，A表現とB鑑賞に分かれていますが，その2つを別々に扱うのではなく，1つの単元の中で2つの要素が影響し合い，結果よりよい制作活動につながることが理想です。

　単元の途中にメイキングムービーによる鑑賞活動の時間を挟むことによって，自分の制作を客観視できるとともに，友だちの制作のよいところを自分の制作に取り入れることができます。

表現　→　鑑賞　→　表現　……

というサイクルを教師が意識して授業を展開していくことで，子どもたちの感性と能力は必ず少しずつ成長していきます。

授業力アップのポイント

●出来上がった作品だけでなく「途中の道のり」も含めて評価する
●子どもたちの制作活動を写真や動画で記録

2章　図工指導　ステップアップの授業テクニック42　97

34 ピクシレーションでアニメ制作

3年目教師
子どもたちがぐっと興味を持つような題材を探しています。

先輩教師
子どもたちと一緒に，アニメを作ってみるのはどうだい？

3年目教師
確かに子どもたちはアニメが大好きですが，可能なんですか？

先輩教師
ICT を活用すれば，簡単に作ることができるよ。

ICT で実写アニメづくり

　アニメーションとは，少しずつ違う絵を連続して画面に映すことで，登場人物などが動いているようにみえる映像作品です。アニメは絵を上手にたくさん描かなければ作れないと思われがちですが，実はそうではありません。ICT を活用することで，図工の授業で子どもたちが簡単にアニメーションを作ることができる方法があるのです。「ピクシレーション」という技法があります。少しずつ動いている人の写真を撮影し，それを連続して画面に映すことで，アニメーションのような実写の映像作品を作る技法です。この技法を使えば，子どもたちが簡単にオリジナルのアニメを作ることができます。必要なものは，カメラだけです。撮った写真は，教師が集めて動画にします。Windows Live ムービーメーカーという標準ソフトで，簡単に写真を取り込んで連続した動画にすることができます。最近は，写真を簡単にアニメにしてくれるスマートフォンやタブレット用のアプリもたくさんあるので活用しましょう。

ピクシレーション制作

①見本作品づくり

　単元の導入では，まず教師が作った見本作品を子どもたちに見せてピクシレーションを紹介しましょう。ピクシレーションでは何よりも見本作品の制作が重要です。子どもの関心や意欲につながる見本でなければいけません。おすすめなのは，誰か他の先生に主人公になってもらって，学校内を探検してゴールを目指す作品です。途中で意外な先生（管理職など）が登場すると子どもたちはとても盛り上がります。「ピクシレーション」と検索するとたくさんの動画がヒットするので，子どもたちの参考となるように，いろいろな要素を盛り込んだ魅力的な見本作品を作りましょう。

②子どもたちの作品づくりと鑑賞会

　いよいよ子どもたちの制作が始まります。グループに１台ずつカメラを渡します（撮った写真を大きな画面で確認できるタブレット端末の方がよいかも知れません）。１グループは４〜６人程度がよいでしょう。ピクシレーション制作には先を見通す能力が必要です。自由に作り始められればよいですが，動きが止まってしまっているグループには，教師が助言をしてあげなければなりません。ルールを定め，あえて自由度を狭めることで子どもたちが考えやすくすることも方法の１つです。カメラを固定してアングルを制限し，その中でどう登場人物が動くかを考えさせたり，撮影する写真の枚数の上限を決めることによって，時間を制限する方法などがあります。

　作品が完成したら，鑑賞会を開きます。ピクシレーションは，他のグループがどんな作品を作っているのか制作中はほとんどわからないので，鑑賞会はとても盛り上がります。

授業力アップのポイント

● 必要なものはカメラだけ
● 「ピクシレーション」とインターネットで動画検索

2章　図工指導　ステップアップの授業テクニック42

35 学校 CM を作ろう

前のページで，ICT を活用したアニメーションの作り方がわかりました。

ステップアップして，次は本当の動画制作に挑戦してみよう。学校 CM を作るんだ。

子どもたちが自分で動画を編集するなんてできるんでしょうか？

iPad を活用する方法が一番簡単かな。小学生のうちからチャレンジする機会をぜひつくってあげよう

iPad で動画制作に挑戦しよう

　iPad には「iMovie」というアプリが標準でインストールされています。再生速度の変更や文字入れ，効果音入れなど，ここで紹介しきれない様々な機能があり，iPad 一台で，「撮る」「編集する」「見る」の全てができます。パソコンを使って編集をする方法もありますが，iPad の中で完結させるやり方が一番手軽に取り組みやすいでしょう。

　「iPad 動画編集 簡単」などと検索すれば，操作方法をわかりやすく説明してくれるページがたくさん出てきます。こういったアプリの機能は日々更新され新しくなっていくので，インターネット上の情報が最も新鮮で正しいことが多いので活用しましょう。

iPadで学校CMを作ろう

①学校CMの準備をしよう

　まずは，学校CMで紹介する題材を決めましょう。人でも，場所でも，行事でも，モノでもなんでも構いません。学校の中にはCMで紹介すべき事柄がたくさんあります。用意できるiPadの台数にもよりますが，3～5人程度のグループ制作が適しています。

　学校CMの時間は，本当のCMと同じく15～30秒程度に設定します。長すぎると制作が困難です。その時間内に題材の説明ができるよう，まずは台本を考えます。実際のCMを参考にしながら，短い時間で伝えたいことをまとめるにはどうすればよいかを子どもたちと考えましょう。

②学校CMを作ろう

　準備が整ったら，いざ撮影です。撮影の際は，手ブレしないようにiPadをしっかりと持つこと，後から編集可能なのではじめと終わりは少し長めに撮っておくことなど，注意事項をあらかじめしっかり押さえておきましょう。デジタルのよさは失敗しても削除してやり直すことのできる点なので，何度でも納得がいくまで撮り直すことができます。

　編集の際，文字入れ機能を使ってセリフの強調したい部分に字幕をつけることができればよりわかりやすいCMとなります。近年話題のユーチューバーの動画を子どもたちと一緒に見ても参考になります。

　使っているうちに，子どもたちは教師よりも遥かに早く様々な機能に慣れていきます。きっと予想以上に見応えのある作品が生まれることでしょう。

授業力アップのポイント
- 機器の普及で，簡単に撮影・編集ができるように
- iPadとiMovieを使って行うのが最もカンタン

36 プロジェクションマッピングに挑戦しよう

3年目教師
こないだの休日でプロジェクションマッピングを見てきました。すごくきれいでした。

今とっても流行っているものね。ところで，学校にある ICT 機器でもプロジェクションマッピングはできるんだよ。

先輩教師

3年目教師
ええっ！　本当ですか?!

プロジェクターさえあれば，簡単なものなら学校で十分やってみることができるよ。

先輩教師

 ## プロジェクターを活用しよう

　プロジェクターは，光を投射することで画像を映し出すことのできる ICT 機器です。大型テレビよりも安価で持ち運びがしやすいという理由から導入が進められていますが，テレビに比べとっつきにくいと敬遠している先生も多いのではないでしょうか。プロジェクターならではの特性をしっかり理解し，どんどん図工の授業に活用していって欲しいと思います。

　プロジェクターの活用にはいくつもメリットがあります。まず，置き場所が自在であることです。置き場所を引けばいくらでも画面を大きくすることができ，また，スクリーンに限らずどこでも好きな場所に画像を映し出すことができます。そしてなんと言っても，プロジェクターには映画館の中にいるときのような，心に響く独特の雰囲気があります。

プロジェクションマッピングで校舎にラクガキ

①校舎にラクガキしてみよう

校舎にラクガキをしてみたいと誰しもが一度は思ったことがあるでしょう。もちろん本当にやったらこっぴどく怒られてしまうでしょうが，図工の授業なら，プロジェクターを使うことでそれが可能になります。子どもたちが胸躍らせること間違いなしです。

まずは，校舎の中からラクガキをする場所を決めましょう。できるだけ暗くできる場所がよいですが，近年のプロジェクターは光量が大きいので多少明るくとも鮮やかに画像を投影してくれます。

②作品づくりと鑑賞会

プロジェクションマッピングでは画像の「位置合わせ」が重要です。場所が決まれば，プロジェクターの光が届く範囲と全く同じ範囲を写真にとり，それを薄く印刷して子どもたちに配ります。そこに色ペン等で思い思いにラクガキをしていきます。「もし，あの壁が赤だったら……もし花柄だったら……」子どもたちからは滝のようにアイデアが出てくることでしょう。できた作品はプロジェクターで投影するため，カメラやスキャナーでパソコンやタブレットに取り込みます。

鑑賞の際は，まずは写真の通りにプロジェクターの位置をしっかり合わせます。そして辺りを暗くし，音楽をかけながら次々に子どもたちの作品を映し換えていけば，歓声が上がること間違いなしです。その風景はばっちり写真に納めておきましょう。

授業力アップのポイント

- ●いくらでも画面を大きくすることができる
- ●どんな場所にでも画像を映し出すことができる

2章 図工指導 ステップアップの授業テクニック42 103

37 ブラックライトと蛍光塗料でルミナリエ

3年目教師:　図工の題材で，アイデアが浮かばないときがよくあります。

先輩教師:　そうだね。それには，常にアンテナを張っておくことが大切だよ。

3年目教師:　そういえば，この前見に行ったルミナリエ，きれいでした。

先輩教師:　きれいだったなという感情を，子どもたちと共有することによって，それが新しい題材の窓口になるよ。

題材への扉

　この会話のような体験をしたことはないでしょうか。次の題材は何にしようという具合に。「いつもアンテナを張っておく」とは，言い換えると「題材は街中のいたるところにある」ということなのです。街中の看板に目を留めてみましょう。そのデザイン，色使い，タッチなど，図工に生かせる題材はいたるところにあるのです。

作る→試す→また作る

　この題材では，「試し場所（暗室）」の設定が特徴的です。どのような題材でも，まず大切なのは「こんな作品を作りたい」という願いを，子どもたちが持つことです。その願いは，「試す」ことによって理想へと近づけ，遠ければ修正するという繰り返しが大切です。そこで，子どもたちは試行錯誤し，その壁を乗り越えようとする中で学力を伸ばすのです。

104

図工室にルミナリエを作ろう

①材料の特徴をつかむ

本題材では，蛍光塗料とブラックライトを材料として扱います。どちらも，初めて使う材料でしょう。そのため，しっかりと事前に活動を行い，材料の特性を自分のものにすることが大切です。

②学習の流れ

(1) まず，どのような材料を使い，どのような形にするかをイメージして決めます。基本的には「光るオブジェ」のようなイメージでいいでしょう。材料はできる限り多様なものを準備し，子どもがフレキシブルにイメージを膨らませることができるようにしましょう。

(2) 作成が進んだら，隣の部屋に設置した「試し部屋」でイメージを確認します。「試し部屋」は，暗室にして小さなブラックライトを設置しておきます。そこで，自分が思ったような光を放っているか，形はどうか，など，イメージのギャップを実感します。そして，教室（図工室）に戻ってさらに作り続けたり，作り直したりする活動を進めます。

(3) 完成したら，全員で鑑賞会を行います。この作品は，「図工室でルミナリエ」というイメージなので，全員が自分の作品を図工室の思いの場所に設置します。そして電気を消し，一斉にブラックライトを灯します。作品が暗闇の中で，突如として種々多様な光を灯したとき，教室は子どもたちの，歓声に包まれるでしょう。

授業力アップのポイント

- 題材は，街の中，生活の中にある。それをどう見るかが大切
- 「試す」ことによって理想とのギャップに気づくことが大切

38 アルミ板でミラーワールド

3年目教師
魅力的だと確信できる題材を見つけても，その題材の魅力に子どもたちが気づいてくれないジレンマがあります。

その魅力を子どもたちが見つけ出す工夫として，まずその題材，材料で思いっきり遊ばせたらどうかな。

先輩教師

3年目教師
まずたくさん触れさせて，そこから材料の魅力を発見させるのですね。

教師の思いを実現させることは，子どもたちの学力を伸ばすために大切なことだからね。

先輩教師

鑑賞活動と材料の魅力への気づき

　材料の持つよさへの気づきは，活動の中においてはもちろんですが，鑑賞活動による友だちとの関わりの中においても，より一層の気づきが期待できます。また，個々に活動に取り組むとき，いつしか作りたいものへのイメージに思いが行き，本来その題材で育みたい目的から離れてしまうときや，あるいは作りたいものの本質が変容してしまうときがあります。個を認識し，再認識することは，他者との関わりが大切となります。友だちとの鑑賞活動を活動の中に入れることによって，よりよいイメージの変容と，鑑賞活動から得られたものを自分自身が作っていきたいものに生かすことができる創造的な技能を育みたいものです。

アルミ板でミラーワールド

①材料の特徴をつかむ

本題材では，アルミ板を使います。アルミ板という材料が持つ魅力は，鏡のように物を映したり，容易に曲げ，切ることができるといったように加工しやすい材料であり，それぞれが持つ「表現したい『感じ』」を反映させることができるところにあります。子どもひとりひとりが，アルミ板という材料に働きかけ，アルミ板の持つ魅力を十分に感じ，存分に引き出しながら取り組ませることが大切です。まず，アルミ板を切ったり曲げたりして遊びましょう。その切れ端は無駄にはならず，実際の活動の中で，子どもたちが使う材料として置いておきます。子どもた

ちはその中から，面白い形や切れ端などを発見し，使っていくでしょう。

②学習の流れ

(1)構想する

アルミ板でたくさん遊んだ後，その材料の特性を生かした「作品」を構想します。その構想は，ワークシートにイラストを入れて記しておきましょう。最後まで，その構想に向けて進むことが大切です。

(2)ミラーワールドを作る

題材のタイトルにあるミラーワールドは，アルミ板が持つ「鏡」への気づきを願ったものです。すると子どもたちは，アルミ板を丸く曲げ，万華鏡のようなものを作ったりします。活動のタイトルを変えることもいいでしょう。「生かして変身」というタイトルで行うと，子どもの意識はアルミ板の特長を「生かし」ながらも，そのままではなく「変身」させようとします。題材のタイトルは，目標であり，願いでもあるということを意識しましょう。

授業力アップのポイント

- その材料で，まずたくさん遊ぶことが大切
- 鑑賞活動の中で，友だちと魅力の発見を共有して広げる

39 技能を集結して食品サンプルづくり

3年目教師

見本を示すタイミングに苦慮します。

最初に出せば,発想の幅を狭めるし,出すのが遅かったり示さないときは,イメージが湧きにくくなるときもあるね。

先輩教師

3年目教師

ワンパターンではダメですよね。

その通り。最初に見せて,作ってみたいという関心を持たせるのか,発想の手助けにするために後で示すのか,題材によるね。

先輩教師

見本を示して作りたいという「憧れ」を

　見本は,見せるタイミング次第で授業を生かしたり,またその逆にもしてしまうほど,効果の大きなものです。最初に見せるのか,途中で見せるのかについては,次のことが考えられます。

　最初に見せる場合:「作りたい!」という強い動機づけ,関心に結びつける場合には,最初に見本を見せるとよいでしょう。たとえば本稿で取り上げる「食品サンプルづくり」では,最初に,精巧でリアルな本物の食品サンプルを見せると,子どもたちは感動します。

　途中で見せる場合:この場合は,最初に見せて,発想を狭めてしまわないようにするという考えの場合と,行き詰まりを解消するためという理由が考えられます。

食品サンプルを作ろう

①題材への関心

本題材は，作りたいという「憧れ」を持たせることから始めます。本物の食品サンプルを準備しましょう。パフェでもラーメンでも，何でもいいでしょう。購入してもいいですが，レストランで不要になった物をもらい受けることも可能です。本物の食品サンプルの精巧さ，リアル感に子どもたちは驚愕します。そして，「おいしそう」という言葉が聞かれるでしょう。それがテーマとなります。「おいしそうな食品サンプルを作ろう」です。

②学習の流れ

学習活動	教師の関わり・支援
1 本物の食品サンプルを見て，感想を出し合う。 ・おいしそう。 ・本物みたい。 ・材料は何だろう。	・食品サンプルを準備しておく。出し方を工夫する。「○○くんの日記に，ラーメンのことが書かれていました」など。
2 食品サンプルを作ろう。 ・本物のいちごはどんな色だろう。 ・リアルでおいしそうにするには。	・本物を作る材料はなくても，工夫して近づけるための支援を心がける。ホットボンドを固めて麺のようにするなど。
3 鑑賞会（試食会）を開こう。 ・リアルでおいしそうな作品はどんな工夫をしているんだろう。	・試食会として，「おいしそう」という視点で鑑賞させる。

授業力アップのポイント

● 最初なら，動機づけや強い関心に結びつける狙いで
● 途中なら，行き詰まりを解消することと，発想の幅を広げる

40 紙テープの変身

3年目教師: 活動するうちに、題材の目的から離れてしまうことがよくあり、その対応に苦労することがあります。

先輩教師: 今日の授業では「紙テープを変身させる」ことが目的なのに、筆で描く絵に、苦労しながら近づけようとする子どもの姿があったね。

3年目教師: 無理やり、その目的に変えさせるのも……。

先輩教師: それが、「支援する」ということだね。直接的に指導するよりも、友だちとの鑑賞の中で気づかせるなどの工夫が必要な場面だね。

目的を曖昧にしないということ

　子どもたちは、絵を描くということは、筆で描くことと同義に捉えているところがあるかもしれません。図画工作科の魅力は、自由闊達に「発想」を広げ、その結果、物の見方や感じ方に広がりを持たせるという、人間教育的な部分です。しかし、それは一歩間違えると、「何でもあり」になってしまいます。題材の目的は、揺れずに貫くことが、教科としての価値につながります。目的から離れてしまっていると感じたときは、そこに立ち返らせる手立てを講じましょう。しかし、あれはだめだ、こうしなさい、では子どもの発想を制限してしまうことにつながりかねません。そこで子ども同士の鑑賞から、互いに気づかせたり、指摘し合うような場面づくりが大切です。

紙テープの変身

①題材の目的

紙テープは，その材質から様々な形に「変身」させることができます。折る，ちぎる，ねじる，曲げる，いろいろな色を組み合わせるなど。それら紙テープの特性を理解し，存分に利用して，紙テープで絵を描いたり立体的なものを表す活動です。

②学習の流れ

学習活動	教師の関わり・支援
①紙テープの変身を楽しむ。 ・あんな変身のさせ方もあるんだ。 ・面白い変身は取り入れてみよう。 ②変身紙テープで絵を作る。 ・丸めて立体感を出して，生き生きとさせた。 ・硬い紙テープで立体感を出した。 ③鑑賞会を開こう。 ・あの方法は面白いから，取り入れてみたい。 ④作り変え，作りすすめる。	・全員同色の紙テープ，台紙を使うが，「ほかの色を使いたい」等の声があれば，使用させ，作品の発想へとつながるように。 ・作品の制作過程で紙テープの新たな操作やアイデアがあれば，作品に取り入れるように伝える。 ・カラーテープを準備し，立体感を出したい子どもの発想に応えられるようにする。 ・鑑賞の結果を取り入れ，自分の作品に生かすことができるように，さらに活動時間をとる。

授業力アップのポイント

● 「何でもあり」の図工にはしないという強い気持ちで
● 指導ではなく，「手立て」を講じて目的に立ち返らせる

41 砂でサンドアート

3年目教師

高学年で初めて持ったクラスに「図工が嫌い」と明言する子がいます。

先輩教師

何か理由があるのかな。聞いてみた？

3年目教師

はい。先生は、自由に作りましょうと言いながら、結局は上手な子がほめられて、私は認められたことがない、と。

先輩教師

正直で、きびしい言葉だね。ダイナミックな取り組みをして、思う存分に表現させてあげたらどうだろう。

◆「自由に」「自分らしく」という言葉

　図画工作科の授業の中や研究の中で、「自分らしく」という言葉がよく聞かれます。その言葉は、一見すると子どもの自主性を尊重しているように聞こえます。しかし、「自分らしさ」を追求し、達成することは、簡単なことではないということを認識しましょう。「自分らしさ」とは、最終的には「何でもあり」になりかねないのです。出来上がった作品を見て、他者からの評価は低くても、それは「自分らしい」作品なのだとすませることができる、魔法の言葉なのです。図工が嫌い、と言った子どもは、「自分らしさ」は「何でもあり」と見抜いているのでしょう。「自分らしさ」を追求し、達成したときの喜びを実感させてあげられる取り組みをしたいものです。

砂で絵画を描こう

①題材の目的

　この題材は，砂や土の材質による色の違いなどの着目して，絵の具の色ではなく，砂で絵を描く取り組みです。砂で絵を描く取り組みは，古代ギリシャの時代から取り組まれているものです。そこで，導入では古代ギリシャの壁画を紹介して，砂で絵を描くことの可能性を実感させるとよいでしょう。

②学習の流れ

学習活動	教師の関わり・支援
1 砂の絵の具を探しに行こう。 ・場所によって，砂や土の色が違う。 ・色んな材質をそろえよう。	・材質ごとに袋に砂や土を入れさせて，後の絵画制作に使うことができるようにする。
2 砂で絵を描こう。 ・砂や土でも色を表現できるね。 ・でも，もっと色をつけたいな。	・まずは砂でチャレンジさせる。絵の具では出せない材質やよさを実感させる。
3 色を加えて作り進めよう。 4 この場所に飾ろう。 ・僕は鳥の絵を描いたから，校庭の木に飾ろう。	・砂に色をつけたいという要望には答えるようにする。 ・鑑賞会も工夫して，それぞれが自分の作品に似つかわしい場所に飾り，それを捜しながら鑑賞会をする。

授業力アップのポイント

● 「自分らしさ」と「何でもあり」は同義ではないという認識を
● 「自分らしさ」は他者からも評価されて，自己認識へ向かう

42 名画が「わたしだけの名画」に

3年目教師
子どもたちが,いわゆる「名画」に関心を示さないのです。どのような有名な絵画を観ても「ふーん」という感じで。

どのような方法で名画鑑賞をしたの?

先輩教師

3年目教師
いわゆる「名画カード」でクイズを出したりしました。

それではまるで,名画を別世界のように感じて,関心を持たないかもね。名画に主体的に関わる授業を考えてみてはどうだろう。

先輩教師

名画に親近感を持って鑑賞するには

　名画を鑑賞する学習で,子どもがあまり関心を持たない理由として,有名である,凄い絵画なのだという固定的な概念に縛られてしまっているからかもしれません。子どもがピカソのキュビズムの絵画を観て感動することは,現実的にはあまりないでしょう。その絵画に関心を持たせる手立てとして,まず画家に関心を持たせる取り組みもいいでしょう。ゴッホやピカソ,ゴーギャンなどの波瀾万丈の生い立ちを調べ,発表する活動などです。また,今回紹介する「わたしだけの名画」のように,著名な絵画を「自分のものにする」という視点で教材を作ってみてはどうでしょうか。このように,主体的に絵画に関わることができる手立てを考えましょう。

わたしだけの名画

①題材の目的

この題材は，高学年で行うことが適切でしょう。この題材は，名画を「楽しむこと」が大きな目的です。名画や著名な作家の学習は，どこか無味乾燥な，「有名だからきっといいんだろうな」という，主体性の無い学びに終わりがちです。そこで，名画を自分のものにする活動を紹介します。

②学習の流れ

学習活動	教師の関わり・支援
① 名画を選ぼう。 ・この絵はきれいな色を使っているな。誰の絵かな。	・ここでは，画家の名前などに関わらず，直観的に好きな絵を選ばせる。
② わたしだけの名画にしよう。 ・この色やタッチに似せるのは難しいなぁ。 ・原作を超えてやるぞ。	・ここでは，選んだ絵の一部を切り取り，そこを自分のオリジナルに変える。切った部分が不自然にならないようにタッチや色合いを模索することが大切。
③ 鑑賞会を開こう。 ・オリジナルと自分の名画，どちらがみんなの心をつかむかな。	・鑑賞会では，元の絵と画家について調べて発表する。鑑賞者は，元の絵と友だちのパロディーの両方に評価，コメントする。

授業力アップのポイント

● 名画の「よさ」を押しつけない
● 名画や著名な画家に，主体的に関わることができる手立てを

3章

図工指導

知ってお得のマル秘グッズ5

本章では，図工の授業で役立つグッズや工夫する方法を紹介しています。

★図工は作品だけで評価するべきではないと聞くけれど，活動の様子をどうやって評価すればいいのだろう……。

★どの教科でも「学びの履歴」は大切。図工では，どうやって学びの履歴を作り，活動に活かしていこう……。

★図工は，材料が多いほど活動の幅も広がるけど，教材費には限りがある……。

ちょっとした，身の回りの工夫とアイデアで，このような悩みは解消され，授業が一段と充実した，レベルアップしたものになります。

子どもたちの作品をどこにしまっておこう。また，制作途中の評価は……？

図工は道具，用具，題材が命。身の回りには，図工の題材として活躍する様々なものが！

子どもたちの「願い」をワークシートに記録して，学びの履歴に。そのワークシートは「夢への扉」なのです。

3章　図工指導　知ってお得のマル秘グッズ5　117

❶ ワークシートは「夢への扉」

◆ 図画工作科の授業時数

　図工の授業は，「活動主体」の授業になります。子どもたちが夢中になって活動する姿は素晴らしいものですが，そこに教科教育としての学びの姿がなければ，「活動あって学びなし」という結果を生み出してしまいます。

　今次改訂2020年度から全面実施の学習指導要領では，移行期間の2018−2019年度は年間15時間，2020年度からは年間35時間，授業時数が増加します。これは，主として，外国語の教科化に伴う事象ですが，その一方これまで，図画工作科の授業時間数は減少してきました。

【2018年時点の図画工作科の標準授業時数】

学年	1	2	3	4	5	6	計
時数	68	70	60	60	50	50	358
週時数	2	2	1.7	1.7	1.4	1.4	

　この表から改めて読み取れることは，3年生以降の週時数です。図工の時間はこれまで，準備や片付け，活動時間など，その教科の特性から2時間続けて実施することが通例でした。しかし，3年生以降は年間を通じて2時間の時数を確保することができなくなりました。このことから，各学校で時数の確保に工夫を重ねているところです。

　そこで大切なのは，「学びの質を上げる」ということです。ここでは，ワークシートを活用した学びの質の向上について紹介します。ワークシートに記入することによって，子どもが「学びの履歴」を踏まえながら，自らの学びの向上を自覚し，振り返りながら進めていくことができるようにします。

　ワークシートには，子どもが活動した作品の画像やイラストを入れながら，「学びの履歴」が一目でわかる（子どもが）ように構成します。そして，ワークシート1枚1枚が，作品をイメージ通りに完成させたいという「夢」への扉となるようにしましょう。

◆ ワークシートの例

3年南組 図画工作科　夢へのとびら

題材名
② 主役は板きれ〜いろいろアート〜

使った材料や道具
(材料) ベニア板、はん画用インク、和紙
(道具) 電動糸のこぎり、ちょうこく刀

とほりおわり

いちおう
かん↓せい

活動よう
いたをてきとうに切りも
のに見立てて、よりそのものにし
て、はん画をする。

工夫したところやがんばったところ
工夫したところはよりフクロウにするため、ちょうこく刀で
羽をイメージさせる切りこみを入れたこと。
つぎ作るならば、お月さまも作りたい！

> ワークシートのタイトルは，子どもが愛着を持って呼称できるものにしましょう。

> その日に使用した用具や材料を書かせることによって，技能面の振り返りにつなげます。

> 活動過程が一目瞭然になるように，画像を貼るようにします。このことによって，授業者にとってもできあがりの作品だけで評価するのではなく，活動過程の子どもの工夫や技能面の成長で評価することができます。

> ここでは，工夫した点についてはもちろん，次の時間にどのように進めていくのか，修正していくのか，という具体的な見通しを書くようにしましょう。

活用のポイント

● 「活動あって学びなし」にならないという意識を
● 授業時数の減少に対応した学びの質の向上を

3章　図工指導　知ってお得のマル秘グッズ5

❷ デジカメ活用で作品管理

◆ デジカメを使ってデジタルで作品管理を

　子どもたちの作品の写真を撮影しておくことには，たくさんのメリットがあります。まずひとつが，保存に場所を取らない点です。評価が終わるまでは作品を置いておかなければならないけれど，図工室にもう置き場所がない……といった経験はありませんか。作品を写真で保存しておけば，作品自体はすぐに持ち帰らせることができ，図工室の作品棚のスペース節約ができます。また，完成後すぐ子どもの気持ちが新鮮なうちに保護者に見せることもでき，一石二鳥です。

　ふたつめは，様々な形で活用できる点です。撮影してすぐ大きな画面に映して全体で共有したり，タブレット端末に送信して子どもがよいなと思ったところにマークをつけたりと，デジタルならではの活用法があります。

◆ 子どもたちのデジタルポートフォリオを作ろう

　クリエイターやデザイナーが，実績を紹介するために自分の作品をまとめたものをポートフォリオと言います。昔は紙のファイルでしたが，今はデジタルのものがほとんどです。

　子どもたちの作品の写真もしっかりと管理し，ひとりひとりのデジタルポートフォリオを作りましょう。6年分の写真が貯まれば，かなりの分量になるはずです。高学年であればパソコン教室を使って，自分で写真の仕分けをしたり，作品の見どころを入力したりすることもできるでしょう。

◆ デジカメ活用のポイント

①写真の撮り方のポイント

　作品はなるべく明るい場所で撮りましょう。そして，写す場所選びも大切です。周りに余計なものが写っていると，見返すときに気が散ってしまいます。面倒でも，机の周りはしっかり片付けましょう。

　よくある失敗が，写真には撮ったがだれの作品かわからないものがある……というものです。名札と一緒に撮影する方法もありますが，おすすめは作品を持っている子どもごと写真を撮る方法です。子どもたちの笑顔が一緒に写ることで，教師の印象にもより強く残ります。この場合も，背景はなるべく何もない壁の前を選び，作品に集中できる写真撮影を心がけます。

②整理の仕方のポイント

　ついついデジカメの中に残しっぱなしにしてしまいがちな写真ですが，こまめにパソコンに取り込み，フォルダを作って整理していきましょう。写真の整理の方法は大きく分けて2通りあります。①課題ごとのフォルダで分ける方法と，②子どもごとのフォルダで分ける方法です。①は同じ課題の作品の写真がフォルダ内に並ぶので，ひとりひとりの個性の違いがよくわかります。②は同じ子どもの写真がフォルダ内に並ぶので，その子の成長の様子がよくわかります。また，前ページで紹介したポートフォリオづくりの際にとても便利です。学級や授業内容の実態に合わせて，どちらの整理の方法が適切か検討してみてください。

　図工の作品に限ったことではありませんが，子どもたちの写真は消えてしまうと取り返しがつきません。バックアップは必ず取っておきましょう。

活用のポイント

- ●場所を取らず作品を保存しておくことができる
- ●様々な方法で活用できる
- ●ひとりひとりのデジタルポートフォリオを作れる

3章　図工指導　知ってお得のマル秘グッズ5

❸ 即時評価と情報共有の画用紙

◆ 図画工作科の評価について

　かつて，「作品主義」という言葉が図工科の教師や研究者の中で取り上げられていました。学期末の評価の時期，子どもが下校した後の教室に，それまで作った（描いた）子どもの作品を並べて，A，B，C……と評価する姿を，悪しき慣習として捉えた言葉です。子どもの発想や構想する姿，技能を創造的に活用していく姿，鑑賞して感じたことを新たな発想につなげていく姿は，作品からだけでは読み取れるものではありません。作品からだけの評価では，結局見栄えがいいか悪いか，いわゆる「うまいか下手か」という基準でしか評価できないのです。それでは，絵を見栄えよく描くことができない子どもは，どんどん図工が嫌いになり，あるいは表現することに自信が持てなくなり，その子の人生の豊かさにつながっていかないのです。そこで，子どもが活動している中で即時評価し，またそれを指導に生かす方法を考えていきましょう。

◆ 即時評価と指導の一体化について

　活動過程を評価する工夫として，デジカメで撮影したり，ビデオで撮影する方法があります。この方法は記録として残り，とどめておきたい場面を残し，後で授業の中でも活用できるでしょう。ただし，評価場面が限定されることと，後で画像を見たときに，どの場面かわからなくなるなど，「時間の経過」が及ぼす課題もあります。ここでは，「時間の経過」によって生じる課題をクリアする，画用紙を使った評価と指導を一体化する方法について紹介します。

画用紙を使った即時評価と情報共有グッズ

　ここでは，第2章の40（p.110）で紹介する「紙テープの変身」を例に挙げて，画用紙を使った即時評価について紹介しましょう。

　まず準備するのは，バインダーと，八つ切り画用紙をさらに横に半分に切った画用紙をたくさん準備します。その画用紙を10枚セットで束ねて，バインダーに挟み，太めのマジックを手に持てば準備完了です。そして，「紙テープの変身」の導入で，「紙テープは，どのように変身させられるだろう」と投げかけ，子どもたちは活動を開始します。授業者は，子どもたちが活動を開始したとたんに，テンポよく机間を回りながら子どもの活動の様子を見ていきます。

　すると，紙テープを鉛筆にくるくる巻き付けて，輪っかのようなものを作りだしました。そこですぐに，画用紙に「○○さん　えんぴつに巻き付けて輪っかに」とマジックで大きく書きます。ここでよくある指導者の姿として，子どもたちの活動を止めて注目させ，その新たな発見を伝えようとします。しかし，子どもたちは今，夢中で取り組んでいるのです。手を止めることは，子どもたちの望まないことであり，効果的でもありません。そこでその画用紙を，黙って黒板に貼っていきます。そしてすぐに子どもたちのところに戻り，新たに評価できる活動を探します。そして黒板には情報共有される指導したい内容がたくさん貼られ，子どもたちは必要なときにそれを見て，自分の活動に取り入れるでしょう。即時に評価し，それを即時に指導に生かす方法の1つです。

活用のポイント

- 活動過程を評価する工夫を考える
- 評価をその場の指導に生かす，「評価と指導の一体化」を

❹ 身の回りのグッズの「第二利用」

◆ 身の回りにはたくさんの「教材」が

「ものづくり」とは元来，身の回りの材料を再利用したり，発想を転換して素材を生かすことが，その目的であり，楽しさであるといえるでしょう。図工の授業においても，その材料費に多くの予算が必要に感じられますが，実は身の回りには，多くの教材や再利用が可能なものがあります。ここでは，そのいくつかと，その再利用の方法をご紹介します。

◆ 第二利用の例

①スーパーやコンビニに眠る教材
〈ダンボール・ペットボトルなど〉

　これらについては，衛生面で留意する必要がありますが，図工の教材として活用する魅力的な材料です。

● 「ダンボールで迷路を作ろう」

低学年向きの題材です。ダンボールを適度な大きさ，形に切りながらつないで，ダンボール迷路を作ります。教室一杯を使って，ダイナミックに行うとよいでしょう。

　倒れないように立体的に作る工夫や，ダンボールカッターの扱いなど，多くを学ぶことができる教材です。

②家の中に眠る教材
〈新聞紙・広告の紙〉

　新聞紙や，とくに広告には多種多様な画像や文字があり，教材として有効です。

● 「チラシでコラージュ」

　画像や文字を切り取り，画用紙などに貼り付けて作品を作りましょう。

③不用品として眠る教材

〈着なくなった洋服〉

　着古して廃棄する予定の洋服を，あらかじめ取っておくように伝え，それを題材とします。

● 「よみがえるファッションショー」

　着古して，廃棄処分にする材料だからこそできる題材です。大胆に切り取ったり貼り付けたり縫ったり，つないだりして，「こんな服，あったら面白いな」というものを作りましょう。色，形などのデザイン性が養われる教材です。

④いらなくなった家電で眠る教材

〈扇風機・ドライヤーなど〉

　不要になった家電類も，図工では貴重な教材に生まれ変わります。ここでは，扇風機を使った教材を紹介します。

● 「風に吹かれて」

　すずらんテープや紙類，様々なものを風を利用して，なびかせることによってその美しさを追求する作品です。いつ吹くかわからない外の風を待つことなく，扇風機の風で何度も試しながら，作品を作っていきましょう。

活用のポイント

● ものづくりとは，材料の再利用や転換に醍醐味がある
● 身の回りのものを教材として再利用する意識を

❺ 「思いの履歴」で児童把握と適切なアドバイス

◆ 図画工作科の教師の役割

　図画工作科の授業は多くの場合，いったん活動が始まると，教師の役割はないに等しいことが多いのです。ないほど，いい授業と言えるでしょう。それは，子どもがまっしぐらに目標に向かって進んでいるということであり，それだけ，題材の導入がうまくいったということなのです。

　それとは逆に，活動の途中で幾度も子どもに呼びかけたり，注意を促したり，鑑賞タイムと称して子どもの手を止めてしまう授業は，計画的ではない場合が多いのです。

　いったん活動を始めた子どもにとって，教師は「よきアドバイザー」でありたいものです。活動している子どもの横を，ゆっくりと歩きながら見て回り，手を差しのべたいところをぐっと抑え，子どもがその困難や課題を自ら乗り越えようとするのをじっと見守ります。そこで子どもが教師に語りかけます。その語りかけには２つの種類があるのです。

　その１：「先生，どうしてもこの棒を縦に貼りつけることができないから，やってください」

　その２：「先生，私はこの棒を縦に貼りつけたいんだけど，こうしてみても倒れてしまいます。どうすればいいと思いますか」

　もちろん，後者の子どもの方が深く学ぶことができるでしょう。このように，教師に手伝いではなく，アドバイスを求める子どもを育てるには，毎時の授業の工夫や努力が必要です。どのような工夫があるのかについて，次ページで紹介します。

◆「思いの履歴」の例

　机間を回りながら、子どもに「どうしたの」「何がしたいの」「きみは、何を作っているんだったかな」という問いかけをしているようでは、「よきアドバイザー」にはなれません。それだと、子どもにとっての教師は、道具を持ってきてくれる人、であり、手伝ってくれる人になってしまいます。教師は、子どもの願いをしっかりと把握していてこそ、信頼ある「よきアドバイザー」になれるのです。

　そこで、「思いの履歴」の作成について紹介します。

【○○さんの思いの履歴】題材名「○○○」

○月○日	○月□日	○月△日
今日は……	今日は……	今日は……
次回は……	次回は……	次回は……

　このように、「（子どもの）思いの履歴」を作成すると、子どものやりたいこと、悩み、そして思いが手に取るようにわかります。すると授業中、子どもを見る眼差しがかわってきます。「○○さんは、今日はこんなことをしたいと書いてたな。でも、ここで悩みそうだな」という具合にです。そしてその子どものそばを歩き、適切なアドバイスを送ることができるのです。この姿勢が子どもからの信頼につながり、子どもは手伝いではなく「よきアドバイス」を求め、より深く学ぶことができる、「よき学習者」となるのです。手間はかかりますが、このような努力は大きな財産を生むのです。

活用のポイント

- 子どもたちが活動を始めたら、教師は「よきアドバイザー」になることを心がけましょう
- 「よきアドバイザー」になるために、子どもたちの思いを把握する工夫を

【編著者紹介】

松井　典夫（まつい　のりお）
奈良学園大学　人間教育学部　教授。
専門は図工科指導法，子どもと学校の安全，教師教育。
大阪教育大学大学院卒（修士（教育学））。
大阪府公立小学校教諭を経て，2005年から2014年3月まで大阪教育大学附属池田小学校で図画工作科主任，学校安全主任を務める。2014年4月より現職。
主な著書・論文に
・「災害時における教師の職業的役割―『使命感』と『多忙感』に着目して―」〔共著〕（日本教師学学会誌『教師学研究』第21巻第2号）
・『どうすれば子どもたちのいのちは守れるのか―事件・災害の教訓に学ぶ学校安全と安全教育』〔単著〕（ミネルヴァ書房）などがある。

【著者紹介】
授業力&学級づくり研究会

【執筆者一覧】
松井　典夫（奈良学園大学人間教育学部教授）
森治　健太（大阪府立和泉支援学校）

〔本文イラスト〕モリジ

教師力ステップアップ
３年目教師　勝負の図工授業づくり
思いを表現して「学びの笑顔」をつくり出す！スキル&テクニック

2019年7月初版第1刷刊 ©編著者	松　井　典　夫
著　者	授業力&学級づくり研究会
発行者	藤　原　光　政
発行所	明治図書出版株式会社

http://www.meijitosho.co.jp
（企画）木村　悠　（校正）中野真実
〒114-0023　東京都北区滝野川7-46-1
振替00160-5-151318　電話03(5907)6702
ご注文窓口　電話03(5907)6668

＊検印省略　　組版所　長野印刷商工株式会社
本書の無断コピーは，著作権・出版権にふれます。ご注意ください。

Printed in Japan　　ISBN978-4-18-192812-4
もれなくクーポンがもらえる！読者アンケートはこちらから